DÉBUT D'UNE SÉRIE DE DOCUMENTS
EN COULEUR

L'ANCIEN THÉATRE

A BOURGES

LE THÉATRE DU COLLÉGE

Par M. Hipp^{te} BOYER

BOURGES
IMPRIMERIE ET LITHOGRAPHIE HIPPOLYTE SIRE
4, Rue des Armuriers, et 6 bis, Cour de l'Oratoire

1892

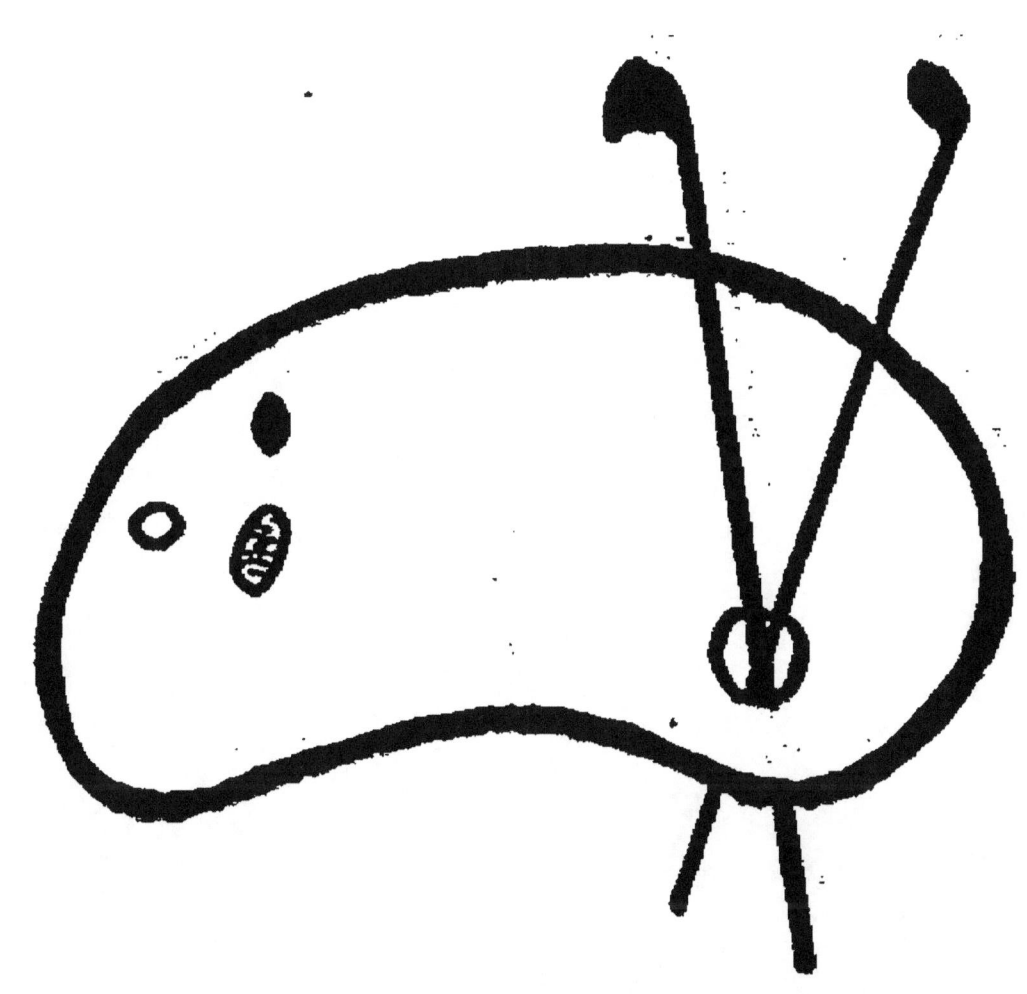

FIN D'UNE SÉRIE DE DOCUMENTS EN COULEUR

L'ANCIEN THÉATRE

BOURGES

LE THÉATRE DU COLLÈGE

Par M. Hipp^{te} BOYER

BOURGES
IMPRIMERIE ET LITHOGRAPHIE HIPPOLYTE SIRE
4, Rue des Armuriers, et 6 bis, Cour de l'Oratoire

1892

L'ANCIEN THÉATRE
A BOURGES

LE THÉATRE DU COLLÉGE

On a souvent parlé de l'hostilité très âpre, contre les représentations scéniques et les acteurs, manifestée de bonne heure par le clergé, mais il faut bien comprendre que ce qui excitait si fort son courroux, c'étaient surtout les saturnales des jongleurs et des baladins, obscène héritage des désordres du théâtre populaire dans l'antiquité. Il ne faut pas oublier que, pendant tout le Moyen-Age, les cérémonies religieuses s'accompagnèrent souvent de jeux de scène.

En réalité, le théâtre moderne est, en partie, sorti de l'Église comme l'antique, et, pour que la désapprobation systématique du clergé chrétien lui fût acquise, il fallut un travail d'idées qui marque la fin du Moyen-Age et dans lequel la scène, interprète des sentiments nouveaux, redoutés par les représentants des anciennes doctrines, donna à leur expression une vie et un attrait irrésistibles.

Répétons que la plupart des grandes scènes liturgiques furent, dès l'origine et pendant des siècles, de véritables représentations théâtrales, où des proses dialoguées retraçaient des scènes choisies de l'Écriture et les principales légendes des saints. C'est dans les couvents que le théâtre profane se reconstitua. Celui de

Hroswita est célèbre, et il semble que la tradition s'en soit conservée fort tard, sinon à titre d'habitude, du moins quand l'époque et les circonstances s'y prêtaient. Nous n'avons pas besoin de sortir de Bourges pour en voir un exemple. Catherinot, dans son *Sanctuaire du Berry*, nous apprend que, « le lundy 25 juillet 1530, les Pères Augustins de Bourges firent représenter *théâtriquement* un des miracles de saint Jacques le Majeur. C'était la manière, ajoute-t-il, pour ne pas dire la manie du siècle; ils appelaient cela jouer les miracles et les mystères ». Pour les Augustins de Bourges, un mystère de ce genre était une fête de famille, car saint Jacques le Majeur était le patron de leur église, édifiée sur l'emplacement d'une ancienne chapelle, construite, dit-on, par Charlemagne, sous le vocable de ce saint, et destinée aux pèlerins qui se rendaient à Compostelle.

Ce furent des confréries pieuses qui s'organisèrent dans le but de poursuivre cette tradition, en promenant leurs *Mystères* à travers le monde; en quoi elles avaient été précédées par les écoliers de l'Université et des écoles, comme on le voit au moins dès le XIIe siècle. Dès lors, les confrères de la Passion et les basochiens se partagent le domaine dramatique, les uns se réservant spécialement les sujets sacrés, les autres la farce et la satire, mères de la comédie future.

Au XVIe siècle, la comédie satirique joue un rôle important dans les divertissements de l'école; la politique y trouve sa place, et l'autorité est forcée, plus d'une fois, de sévir contre ces Aristophane en souquenille.

A une époque où la presse n'existait pas, ce théâtre en tenait lieu dans une certaine mesure, car il était à la fois pamphlet et journal, s'exerçant volontiers contre les faits et les travers du temps pour les critiquer. Tel il avait été d'abord dans l'ancienne comédie grecque, tel il reparut à la fin du Moyen-Age dans le monde des écoles.

Les représentations scéniques furent une tradition universitaire depuis la Renaissance, dont elles procédaient en grande partie. A l'aurore de ce grand mouvement de l'esprit moderne, ces jeux traduisaient, sur le modèle aristophanesque, les sentiments critiques et les aspirations confuses qui couvaient dans le monde de l'enseignement. Sous les formes lourdes de l'allégorie, la plupart du temps, et dans une affabulation toute scholastique, ces essais embryonnaires de l'art dramatique offraient comme un appendice des lectures du professeur (1).

Mais ce théâtre de collége acquiert une importance toute spéciale par le caractère qu'il revêt au xvi° siècle. On sait qu'en 1533, Jodelle faisait représenter, dans un collége, comme le premier essai de tragédie classique, sa *Cléopâtre captive*, et que, grâce à l'énorme succès de cette tentative, ce fut là le point de départ d'un genre qui devint ensuite celui du théâtre national. Les comédiens de la nouvelle école, persécutés par les *Confrères de la Passion*, trouvèrent un refuge dans les colléges de province, si bien que, lors même qu'on eût adopté à la ville le théâtre du genre des Ronsardisants, il était devenu une habitude dans les colléges, où il demeura comme un accompagnement obligé des solennités scolaires.

Il n'y a donc pas lieu de s'étonner si l'on voit l'Institut jésuitique introduire, comme un attrait de plus,

(1) Voir, dans la collection des Mémoires lus à la Sorbonne en 1867, le travail de feu M. E. Cougny, ayant pour titre : *Des représentations dramatiques et particulièrement de la comédie politique dans les colléges.*

les représentations scéniques dans ses colléges. S'il était un ordre qui, plus que tout autre, dut en faire un moyen et un instrument, c'était bien cette congrégation semi-mondaine et politique autant que religieuse, dont le système fut toujours d'emprunter au siècle des attraits propres à séduire les fidèles.

Le Jésuite, ce grand charmeur, était d'institution et foncièrement théâtral. C'était par la « représentation » surtout qu'il combattait le sec et austère calviniste, et plus tard, ce demi-calviniste : le janséniste.

Cependant, il faut constater que l'usage de ce divertissement, si honnête qu'il pût être, ne rencontra pas toujours l'approbation des esprits rigides ; tant s'en faut. Parmi ceux qui le blâmèrent le plus, on a souvent cité le pédagogue Rollin. On attribue sa répugnance à cet égard au souvenir du peu d'aptitude qu'il aurait montré lui-même dans ces exercices, quand il avait été appelé à y prendre part comme écolier. Quoi qu'il en soit, il s'élève avec force contre cette habitude, dans laquelle il ne trouve, avec un surcroît inutile de travail pour les professeurs, que des inconvénients pour les écoliers, qu'on distrait de leurs études par des répétitions multipliées, et dont les mœurs et la piété ne peuvent que perdre à ces sortes de jeux (1).

Le théâtre des Jésuites s'alimenta d'abord d'adaptations, mais ils en firent ensuite une spécialité à leur usage, en sorte qu'il existe toute une œuvre théâtrale faite par des Jésuites pour des colléges de

---

(1) ROLLIN, *Traité des études*, liv. VII, 2e partie, chap. II, § 2. Constatons, à ce sujet, que notre époque a vu reprendre avec faveur les jeux de théâtre par les établissements religieux, notamment dans les petits séminaires et les maisons d'éducation tenues par des ecclésiastiques.

Jésuites. Grâce à la souplesse et à la variété de leurs institutions, ils se pliaient à tous les genres de compositions, et, de même qu'il a produit une école d'orateurs, l'ordre a compté dans son sein tout un essaim d'auteurs dramatiques, les Lemoyne, les Caussin, les Larue, les Pétau, les Ducerceau, les Porée, etc.

Dans ce répertoire, tous les colléges pouvaient puiser, mais, en outre, chacun d'eux avait, à l'occasion, son producteur attitré, au moins pour les pièces de circonstance.

L'habitude s'était introduite de choisir pour les jours des représentations ceux des distributions de prix. Ordinairement, la fête s'ouvrait par un discours du Principal, et, parfois, quelques exercices littéraires ; puis la scène était livrée aux acteurs, chargés du soin de jouer, devant un public choisi, une tragédie en vers latins, souvent née dans le collège même. Avec le temps, cette représentation, quelque peu austère, s'égaya, pour suivre le goût du jour, par des suppléments plus légers et même badins, tels que comédies, pastorales et même ballets. Après quoi, venait la distribution des récompenses.

Les acteurs étaient naturellement choisis parmi le personnel des lauréats de l'année. Dans les programmes de ces pièces qu'on a pu recueillir, les acteurs sont toujours nommés avec l'indication de leur lieu de naissance, et il est intéressant de retrouver sur ces listes les noms des familles les plus connues dans nos annales locales, et dont un grand nombre subsistent encore de nos jours. On comprend que la plupart appartiennent par leur origine au Berry.

Ce que pouvait être, quelque soin qu'on y mît, l'interprétation des scènes par ces acteurs inexpérimentés, on peut le soupçonner. Bien que les Pères eussent, sans doute, la précaution de choisir les élèves les plus capables, encore était-il que, en bons courtisans, ils s'étudiaient à faire leur cour aux enfants des familles qu'ils tenaient le plus à s'attacher, et qui, par gloriole enfantine, pouvaient souvent aspirer à paraître sur la scène, fût-ce même dans la tragédie, où, selon l'expression d'un auteur du temps, « il ne venoit que des monarques » toujours fastueusement habillés (1).

Ce dernier détail nous amène à parler des costumes. Je n'ai rien trouvé dans mes recherches qui pût me faire connaître sur qui en incombaient les frais; il y a toute probabilité que c'était sur les élèves. Cependant, je rencontre la preuve que, pour ce qui était au moins d'une certaine spécialité de costumes, ils restaient au collége, ce qui permettrait de croire qu'ils lui appartenaient. Le document auquel je fais ici allusion est l'inventaire de la saisie opérée au collége des effets mobiliers, après l'expulsion des Jésuites, en mai 1762 (2). Il y est dit : « Dans la grande infirmerie... dans un buffet... s'est trouvé au premier rayon un bonnet de Turc de papier, trois vieilles culottes de polichinelle jadis de mauvais satin, avec un corset; six panniers de ballet de grosse toille grise, plus un bonnet de Scaramouche. Au second rayon sept chapeaux de toille blanche garnis de ruban, cinq rouges et un bleu; six bonnets de ballet, deux couleur de rose, deux couleur de citron, deux de bleu céleste, tous six de taffetas garnis de dentelle d'argent faux, quatre à égrettes, deux sans égrettes... un chapeau de matelot couvert de vieux satin à rayes; une vieille culotte de polichinelle de satin rouge et vert; deux panniers de

(1) Sorel, *L'histoire comique de Francion.*
(2) Archives départementales du Cher, fonds du collége Sainte-Marie, D, 37.

ballet de grosse toille grise; plus un bonnet d'*Escaramouche*. Au troisième rayon sept habits de ballets, deux couleur de rose, deux couleur de bleu céleste, les trois autres de damas à fleurs; plus trois petits habits de toille orlée, une frange rouge. Au quatrième rayon un autre habit de ballet de damas à grands ramages; plus un autre de toille rouge et bleue; plus enfin trois corsets de vieux satin. »

Voilà un document qui, vu son lieu d'origine, avait besoin d'un commentaire approprié pour éviter les interprétations hasardées.

C'était, d'ordinaire, dans le collège même qu'avaient lieu les représentations théâtrales de fin d'année; nous en avons un témoignage irrécusable dans ce passage d'une délibération de l'Hôtel de Ville, qui est de l'année 1729 :

« Le 20e.me aoust, Messieurs les Maires et Eschevins
» furent en corps avec leurs officiers et, précédés de
» la livrée et tambours de Ville, entrèrent dans la cour
» des révérends Pères Jésuites pour la tragédie qui
» devoit s'y représenter et le balet qui devoit suivre.
» On commença à onze heures et on ne finit qu'à
» sept heures du soir par la distribution des prix,
» que donnoit M. Denis Dodart, Intendant de la pro-
» vince, qui s'y trouva et se plaça dans une loge que
» l'on avoit fait faire contre les murs où étoit autre-
» fois la philosophie. Messieurs (de la Ville) avoient
» fait marquer neuf chaises par les tapis de la Ville (1),
» au septième rang devant le milieu du théâtre,
» pour voir plus commodément dessus. Ils s'y pla-
» cèrent et firent placer les sergents et messagers

(1) Pour le maire, les quatre échevins, l'avocat, le procureur, le receveur et le greffier-secrétaire de l'Hôtel-de-Ville.

« de Ville au premier rang directement au bas du
« théâtre. » (1)

A une époque, cependant, pour donner plus d'éclat
à la solennité ou pour se rapprocher de l'autorité, les
Pères, bien en cour, obtenaient qu'on leur confiât la
Grande Salle attenante au Palais pour y installer leur
théâtre. Par la faveur, selon toute apparence, des
Condés, gouverneurs du Berry et leurs protecteurs, ils
se voyaient en possession d'alterner dans ce *hall* célèbre avec les audiences de la justice et les foires de
Noël, dites *foires du Palais*. La Ville y coopérait de son
côté en leur fournissant, pour le maintien de l'ordre,
le personnel nécessaire (2).

Nous les y retrouvons encore en 1673, ainsi qu'en
témoigne l'indication suivante, que nous empruntons
aux archives du Bureau des finances : « Aujourd'hui
vingt deuxiesme jour de juillet MVI[c] soixante treize,
par devant Nous, les Présidens et Trésoriers généraux
de France au Bureau des finances de la Généralité de
Bourges, intendans de la voyerie et juges ordinaires
du Domaine en l'estendue de ladite Généralité, conseillers du Roy, estans assemblés audit Bureau au jour
ordinaire d'iceluy, les Pères de la Compagnie de Jésus
nous ayant fait requête aux fins qu'il nous pleust leur
permettre de faire construire un théâtre en la Salle du
Palais royal de Bourges pour y faire une tragédie; Et
sur ce ouy le Procureur du Roy, nous avons permis
aux Pères de ladite Compagnie de faire dresser le

---

(1) Archives municipales de Bourges, registre des délibérations, 1716-1757. BB, 23.

(2) En 1631, 21 sous sont alloués par la Mairie à trois dizainiers ou appariteurs, chargés de garder la porte du Palais pendant la représentation de la tragédie. (*Ibid.*, pièces à l'appui des comptes du receveur pour l'exercice 1631-1632, CC, 98.)

théâtre nécessaire en ladite Salle du Palais pour faire la dite tragédie. Ce faisant enjoignons au concierge du logis du Roy et dudit Palais royal de leur ouvrir les portes et laisser ladite Salle libre; à la charge que cela ne pourra apporter aucun empeschement à l'expédition de la justice et d'oster ledit théâtre incontinant après la dite tragédie faite. — De Brisacier. Sarrazin. Bigot. Richer. Lebègue. Roger. — Semelier, procureur du Roy (1). »

La même source nous fera connaître les résultats qu'eut cette autorisation en nous apprenant que, à la suite de la représentation, le Concierge du Palais se plaignait aux Trésoriers du Bureau des dégâts qu'avait occasionnés dans la Grande Salle l'établissement du Théâtre, et dont il réclamait la réparation.

Sur la question du prix des places à ce théâtre, nous sommes fort peu renseigné. Il semblerait qu'elles dussent être gratuites, les frais de représentation étant supportés par les hauts fonctionnaires et gens titrés, pourvus d'invitations, qu'ils pouvaient reconnaître par d'honnêtes gratifications; ainsi qu'on peut l'induire du discours du comédien Laporte, rapporté plus loin, et où il ne craint pas de porter à 1,000 ou 1,200 livres le chiffre des frais de ces représentations mis à la charge de ceux à qui on donne la tra-

---

(1) Arch. départ.; Bureau des finances, registre des expéditions ordinaires du Greffe, C. 1031, pag. 10. A l'occasion même, la troupe allait en ville, comme en témoigne l'article suivant du compte du receveur de la ville pour l'exercice 1623-24 : « ... aux dizainiers (sergents de ville) du quartier Saint-Sulpice et deux du quartier Bourbonnoux la somme de huit livres seize sous pour avoir assisté par commandement de Mgr le Prince (de Condé) au ballet faict en la grande Salle du Pallais par MM. de Molins, et à la tragédie faicte en l'Hostel de ville par les escolliers du collège des pères Jésuistes. »

gédie à représenter, c'est-à-dire, semble-t-il, aux familles des jeunes acteurs.

Nous avons eu l'occasion de signaler la concurrence faite au théâtre du collége par ceux des autres établissements religieux, couvents et séminaires, grâce à la mode qui se portait avec une ardeur toujours croissante vers ce genre de divertissement, surtout au siècle dernier, et grâce aussi au relâchement des mœurs religieuses. Toutefois, cette concurrence n'offrait rien d'hostile pour les Jésuites. Il n'en fut sans doute pas toujours de même dans le monde laïque, où régnait également le goût du théâtre, qui s'y faisait, sans doute au besoin, l'écho et l'organe des idées qui passionnaient les esprits. Il y eut, au moins à certains moments, lutte entre les comédiens du roi et ceux du pape (1).

Nous savons que, chassés de France après l'attentat de Jean Châtel, en 1594, ils furent autorisés à y rentrer en 1603, et que, l'année suivante, grâce à la haute protection du gouverneur de La Châtre, ils avaient réintégré le collége de Bourges (2). Ce fut l'occasion entre les partis se partageant la ville de dissentiments qui se prolongèrent pendant des années. Il est à croire que, poussés par ces partis hostiles, les troupes dramatiques de passage ne restèrent pas toujours étrangères à leurs querelles.

En 1607, une troupe tragique, sous la direction du sieur Delaporte, vint donner à Bourges des représentations. Que se passa-t-il alors ? Les nouveaux venus avaient-ils entremêlé leurs rôles de quelques allusions désagréables aux bons Pères, ou se mettant du côté

---

(1) Les ennemis des Jésuites les appelaient par dérision les comédiens ordinaires du Pape.

(2) DE RAYNAL, *Hist. du Berry*, X, 1, tom. IV.

de leurs adversaires ? On pourrait le croire, quand on voit les Jésuites furieux ne parler de rien moins que d'excommunication contre eux et leur public.

C'était bien de l'arrogance pour des expulsés rentrés de la veille; mais la réserve prudente ne fut jamais guère dans les habitudes des membres de l'ordre toutes les fois qu'ils se crurent suffisamment soutenus. Quoi qu'on pût dire à leur égard, leur bouffon Garasse en disait bien d'autres à leurs ennemis.

Nous devons nous résoudre à signaler les détails de cette affaire, quittes à nous en consoler par la possession de la pièce la plus curieuse certainement qui soit sortie de ce conflit, un factum de Delaporte dans le but de réfuter les imputations de ses adversaires contre lui et ses compagnons. C'est une sorte de plaidoyer où il se donne le plaisir d'essayer malignement ses dents sur la robe des bons Pères. Cette espèce de pamphlet, qui, dit-on, courut sous le manteau par la ville et bien au dehors, émane évidemment d'un homme habitué à manier l'argumentation et hostile au collége. On y retrouve, avec quelque chose du souffle qui inspira la *Satire Ménippée*, cette verve gauloise qui mord en riant.

Parmi leurs ennemis, les maîtres du collége de Bourges comptaient beaucoup de magistrats et d'universitaires, sans parler des protestants, que la révocation de l'édit de Nantes ne menaçait pas encore. On doit considérer que, vraisemblablement, Delaporte, en cette circonstance, fut le porte-parole de quelques-uns d'entre eux ; et, sans préjuger rien contre son talent d'écrivain, on peut croire que son factum était, au moins pour une bonne part, le fruit d'une collaboration avec quelques-uns des doctes adversaires de la société.

Pour donner plus de retentissement à cette défense,

il la débita un jour de représentation à son public. Nous ne résistons pas, malgré sa longueur, à l'occasion qui s'offre de reproduire ce morceau, d'après une des copies du temps, qui se conserve à la Bibliothèque nationale (1).

PROLOGUE DE LA PORTE

COMÉDIEN

Prononcé à Bourges, le 9 de sept. mil six cent sept, contre les Jésuites qui le vouloient empescher de jouer sur peine d'excommunication à tous ceux qui iroient.

J'eusse esté bien content de ne plus paroistre icy pour y faire monstre de mon ignorance, laissant ce faix à ceux qui mieux versez que moy en l'éloquence, ou pour mieux dire, nourris en l'escholé de Mercure, sçavent par une exorde doulcement fluide, concilier l'oreille des auditeurs, poussent vivement une narration bien suivie, confirment doctement et non pédantesquement toutesfois leur dire de rares exemples, et enfin le concluent si subtilement que ils semblent en estre sortis sans que on s'en soit apperçu : mais mon insuffisance en toutes ces parties m'ayant désia comme exilé de la scène, voicy que la médisance de nos ennemis m'y a contraintement rappelé. C'est donc une très juste défense que j'entreprens icy contre un très injuste agresseur; et c'est aussy pourquoy j'en espère la gloire et l'honneur favorisé premièrement du droict et de l'équité, et secondement de l'honorable présence de tant de beaux esprits, de solides jugemens que j'implore pour arbitres

---

(1) Collection des manuscrits Dupuy, tom. LXXIV, pag 125 et suiv. — DE RAYNAL, ibid., ibid.

de ma cause. Je serois véritablement plus ladre que les ladres dont il parloit, si ressentant ses injurieuses pointes, je ne me plaignois de l'ignorance d'un chirurgien si mal expert que au lieu de chaque baulme ou médicament lénitif propre à la consolidation des plaies récentes y veut appliquer comme aux ulcères enviellis, gangrenés, *eschioneux* (1) et hors d'espoir de toute guarison, le feu, le rasoir et le cautère ardent du premier coup. Car quelle apparence de vouloir faire croire à tout le monde que les comédiens et ceux qui les voient sont entachez de ceste lèpre spirituelle qui conduit les corps et les âmes en leur éternelle ruine : Et quelle calomnie effrontée d'appeler publiquement enchanteurs et magiciens ceux qui n'ont jamais esté notez de la seule pensée d'avoir voulu minuter et calculer la vie de leur prince par sorts, charmes et charactères comme quelques autres (2). Je leur eusse volontier respondu : *Cura teipsum, medice!* Mais si les comédiens et la comédie sont tels qu'il dit, pourquoy l'apprenent-ils à leurs disciples ? S'ils disent que la leur n'est point mercenaire, à quelle occasion exigent-ils argent à bonne et grosse somme de ceux auxquels ils donnent leur tragédie à représenter, somme qui se monte le plus souvent à trois et quatre cents escus ? Ce sont, diront-ils, honorables exactions, et non pas de mandier cinq sols à une porte. Leurs effects sont donc tellement répugnants à leur précepte en cecy que tout homme d'esprit mettra aussy peu de foy aux uns que aux autres. Je confesse de vray et voudrois opiniastrement maintenir contre ceux qui le voudroient contester que le service de Dieu doit estre pré-

(1) On ne trouve dans le Dictionnaire de Godefroy que le mot *eschionné*, dont le sens n'est pas expliqué.

(2) Allusion transparente aux conjurations des Jésuites contre la royauté, dans lesquelles les envoûtements et autres pratiques occultes à la mode paraissent avoir joué un certain rôle.

féré, non-seulement à la comédie, ains (mais) à toute œuvre, quelque utile et nécessaire qu'elle soit. Mais, comme il y a douze heures au jour, elles se peuvent tellement diviser que nous pouvons et prier Dieu et nous récréer de quelque honeste passe-temps, entre tous lesquels je n'en sache point de comparable à la comédie, ou plus tôt à la tragédie, puisque c'est l'unique poëme où nous avons arresté nos graves et sérieuses actions, laissant la comédie (cloaque d'impudicité,) en l'estat où les estrangers l'ont réduicte aujourd'huy, à ceux qui la voudront voir ou exercer. Et affin que on sache que je n'en parle pas ignoramment et à veue de pays, comme on dit, je vous veux monstrer comme sainct Thomas d'Aquin embrassant la défence de la comédie a prononcé l'arrest sévère mais très juste deu à nos ennemis en son livre au titre *Du Jeu*, quest. 22, en ces paroles : « Ludus est necessarius ad conservationem et conversationem vitæ humanæ; ad omnia autem quæ sunt conversationi humanæ necessaria deputari possunt aliqua officia licita : et ideo etiam officium histrionum quod ordinatur ad solatium hominibus exhibendum, non est secundum se infame aut illicitum; nec sunt in statu peccati dummodo moderate ludo utantur. Unde illi qui moderate eis subveniunt non peccant sed juste faciunt mercedem ministerii eorum eis tribuendo. Et licet D. Augustinus super Johannem dicat: quod dare res suas histrionibus vitium est immane, hoc intelligi debet de illis qui sua in tales superflue consumunt (1). » Ce sont les paroles de St Thomas, de l'autorité duquel je me

(1) « Le jeu est nécessaire à la conservation et conversation (train de vie, fréquentation) de la vie humaine ; mais on peut choisir, parmi les occupations permises, celles qui sont nécessaires à la conversation des hommes. Ainsi, le métier d'histrion, qui a pour but la distraction de l'homme, n'est en soi ni infame, ni illicite, et ceux qui en usent ne se mettent pas pour cela en état de péché, pourvu qu'ils en usent modérément. Donc, ceux qui les encouragent avec la réserve conve-

fusse contenté s'il eust esté simplement question de vous prouver que la libéralité est plus honeste que l'avarice, le parler plus nécessaire que le silence et la vertu plus louable que le vice, car cela se défend assez de soy ; mais d'aultant qu'il s'agit du maintien d'une profession ancienne et honorable que chacun tasche d'opprimer, avilir et ruiner du tout, je croiray n'encourir le tiltre de présomptueux, importun, ne pédant, si je vous allègue outre St Thomas six autres docteurs illustres et modernes de l'ordre des Prescheurs, qui pour estre tous conformes et avoir suivi presque le texte du précédent, je ne coteray que selon les lieux où ils en ont traicté [1]. Le premier est Antonius Artesius Florentin en la 3ᵉ partie de sa Somme, titre 8, chap. 4; session 12. Le second Regnerius Pisanus en sa Somme dicte *Pantéologie*, chap. 7. Le troisiesme est Johannes Viguerius en son *Institution au traicté de la Tempérance* vers la fin, verset 12, au tiltre *De Eutrapelia*. Le quatriesme est Cardinalis Cajetanus en sa Somme au discours *des Comédiens*. Le cinquiesme Armilla en sa Somme au mesme propos. Le sixiesme et dernier *Summa Tabiena* sur le mesme subject. Ce sont ceux qui contre l'opinion de nos docteurs phantastiques, et suyvant celle de St Thomas, tiennent et maintiennent notre profession non seulement honorable, ains (mais) utile et très nécessaire; affirmant oultre qu'elle se peut exercer *illata con-*

nable ne pèchent pas en payant aux acteurs le prix de leur peine ; et, lorsque saint Augustin, dans son commentaire sur saint Jean, dit que donner son bien aux histrions est un vice atroce, il faut comprendre qu'il entend parler de ceux qui y gaspillent follement leur avoir. » (THOM., *Summa theologica*, secunda secundæ quæst. 168, conclusio, § 3.)

(1) Il y a lieu d'admirer l'habileté avec laquelle l'auteur de ce plaidoyer oppose les vieux ordres religieux, et notamment celui des dominicains, jadis si prépondérant en doctrine et en force, à l'ordre nouveau des Jésuites qu'ils voyaient avec regret les supplanter.

cientiâ, mot qui en son emphase couppe la gorge à nos censeurs contre lesquels il eust suffi, si c'estoyent gens qui voulussent recevoir la doctrine ecclésiastique pour reigle de leurs opinions : mais à des machiavélistes qui moulent la piété à la police et la police à leur volonté. Il nous faut purger de tous poincts et voir si nos actions irrépréhensibles par les loix divines le peuvent estre par les humaines, si elles sappent les fondements de la monarchie ou si elles divisent les cœurs des subjects de l'obéissance de leurs princes (1). Les assemblées publiques qui se font à notre subject y répugnent de tout, veu qu'il n'y a rien, disoit Lycurgue, premier et plus grand législateur de son temps, plus propre et nécessaire à la manutention de la paix que la société, occasion qu'il contraignist ses citoyens de manger tous ensemble le brouët lacédémonien à la manducation duquel l'honneste familiarité et la paisible société suivies des graves discours de ces doctes personnages servoit comme d'entremest, de saulce, d'appétit et de friandise et délicatesse à ceste souppe noire, fade et de mauvais goust. Voylà comment notre profession causant ces assemblées, et elles unissant les volontez au lieu de les diviser; et bien souvent liant les cœurs envieillis de haine du vray nœud de l'amitié nous purge de ce costé là. Mais, diront-ils, vos représentations, qui ne touchent que les Rois, les Princes et les monarques, eslevant tantost ung et déprimant tantost l'autre, sont-elles point de mauvaise odeur au nez de leurs semblables qui les voyent et entendent représenter? Au contraire, pauvres gens, recognoissez-vous pas que ces salutaires enseignemens, ces louables préceptes et ces doctes exemples qui y sont contenus sont les vrays anti-

(1) Allusions cruelles aux reproches qu'on n'a jamais cessé de faire au célèbre Institut, et que ne justifiaient que trop la doctrine qu'ils prêchaient et leur fatale intervention dans les affaires de l'Etat.

dotés à ce poison de flaterie duquel vos semblables ont accoustumé de briguer leurs faveurs, l'absynthe de tels remèdes (venants de notre part) leur estant d'aultant plus facile à recevoir que démeslé et destrempé en la douceur du plaisir qui accompagne notre théâtre, ils y sentent moins de fiel et d'amertume. Ainsy donc notre profession est et utile et délectable et au Prince et à ses subjects, nous purgeant outre tout cela de tous attentats, de tous crimes de lèze-majesté divine et humaine, qui ne nous banniront jamais, aydant Dieu, de l'aggréable clarté de ce grand soleil de clémence aussy doux et prompt au pardon que vaillant et courageux aux alarmes. La licence que sa bonté nous a concédée jusques icy de tirer l'espée et de mettre toutes sortes d'armes à la main en sa présence (1), avec autant de franchise et de liberté que en ce lieu, nous lave de toutes calomnies, montrant la créance qu'il a que nos armes non plus que nos âmes ne sont faictes que au détriment et à la ruine de ses amis. Ceux qui en portent les honnorables marques n'en peuvent estre démentis, puisque la vérité parle tousjours pour eux. Cachez-vous donc, calomniateurs insensez, ou guérissez vos vieux ulcères avant que sonder les playes que votre venimeuse morsure nous a faictes, car nous ne sentons aucune aultre que celle-là, aucun ver qui nous poigne la conscience d'un mordant repentir. Nos actions sont ouvertes comme nos cœurs : Nostre Roy les voit journellement, y prend plaisir et les approuve. Les Princes en général y consentent ; les Gouverneurs de ses provinces les favorisent, et les magistrats les permettent, en temps et lieu toutes fois et sans rien confondre du nécessaire au délectable. A qui vous prendrez-vous donc, à ces baste-

(1) Le maniement de l'épée était un privilège de la noblesse, et c'était un crime de lèze-majesté que de la tirer devant le roi, sinon pour son service et sur son ordre.

leurs ? à ces magiciens ? Ouy, vous crierez tousjours la mesme chanson, quand le discours vous manquera ou que vous ne sçaurez à qui parler. Mais que faictes-vous, misérables ! vous ressemblez ceux qui pour razer une forteresse inexpugnable commencent par les couvertures du logis afin d'en sapper les fondements. Ostez donc les Roys, chassez les Princes, bannissez la noblesse, exilez les beaux esprits, dépeuplez le monde d'habitants, et lors il n'y aura plus ni comédiens ni comédie : car, puisque la terre en sa circonférence n'est qu'un théâtre, et les citoyens d'icelle que les acteurs qui y représentent diversement leurs personnages, comme il a plu au Tout-Puissant les leur approprier, vous ne pouvez faire que la comédie soit sans monde, ni le monde sans comédie. Et, si chacun avoit à prouver l'antiquité de sa profession, nous l'emporterions de beaucoup. Mais c'est assez pour ceste fois, vous protestant néantmoins que, si vous continuez vos contumélies, je vous monstreray par effect que la comédie n'est point si désertée de beaux esprits qu'il ne se trouve encore quelque âme généreuse qui courageusement repoussera vos médisants assauts; et, si vous ne changez les opinions erronées que vous avez conceues de nous et de nostre profession, je croiray que vostre malicieuse ignorance a de beaucoup surpassé la pieuse science des gens de bien que j'ai alléguez en nostre defence, en la créance desquels je me résouds de continuer ceste profession pour y chercher ma perfection, tenant mes labeurs bien employez et mes travaux mieux salariez que je n'oserois espérer, pourveu que le contentement de vos esprits, illustres spectateurs, suive d'aussy près mes souhaits que mon désir suit la recherche de vostre bienveillance.

Ce discours, où il est fait bon marché du théâtre comique et trivial, montre que Delaporte et sa troupe se posaient comme des tragédiens. Étant donné le caractère trop souvent grossier de la comédie d'alors, c'était là le véritable théâtre des honnêtes gens. Aussi, les Jésuites, qui, avant tout, se préoccupaient de l'enseignement, même au théâtre, et ne le comprenaient que vu d'une certaine hauteur, envisageaient-ils la tragédie comme sa base véritable. Les autres genres ne constituaient pour eux que des amusements destinés à la faire accepter, c'est ce qui explique comment toute la partie du théâtre jésuite qui a été imprimée (et c'est de beaucoup la moindre) se compose presque uniquement de tragédies.

La règle adoptée pour rendre ces œuvres propres aux établissements auxquels on les destinait était qu'elles fussent écrites en latin et pour les colléges. Nous avons déjà dit que tous les auteurs dont les œuvres alimentaient ce répertoire étaient des Pères Jésuites.

Par son amour, étroit mais sincère, de la littérature antique, le Jésuite appartient de fait à la Renaissance classique. Il est vrai que c'est seulement en cela. Si la Société ne compte pas de philosophes comme Malebranche, elle pourra avoir un historien comme le P. Daniel, un orateur comme Bourdaloue ou un érudit comme le P. Labbe; mais sa spécialité, si l'on peut ainsi dire, c'est d'être humaniste, de cultiver, d'imiter, d'enseigner les poètes et les orateurs latins et même les grecs (1). C'est que, si, par origine, le Jésuite est espagnol, par esprit il est italien. On dirait qu'il a pris

(1) On ne saurait citer, comme témoignage du contraire, le berrichon Guymond de Latouche, le seul auteur dramatique mondain que l'Ordre ait produit. Sa passion pour la littérature dramatique, avec les libertés qu'il lui sembla qu'elle exigeait, fut précisément ce qui l'amena à rompre avec la règle de la Société, qu'il abandonna.

à tâche de symboliser et de défendre la Rome antique, au moins celle des poètes et des littérateurs, en même temps que la Rome doctrinale des temps modernes. Or, la tragédie était une des formes littéraires qui se prêtait le mieux à compléter par le théâtre l'enseignement compris sous ce point de vue.

Les plus anciens qui se consacrèrent à cet ordre de production, et il en est qui sont restés célèbres, comme les PP. Petau et Porée, se renfermèrent, pour les sujets qu'ils traitaient, dans le domaine de l'Histoire Sainte ou les légendes des martyrs. Mais, de bonne heure, cédant au goût du jour, ils étendirent le champ de leurs créations, en en puisant les motifs dans toutes les parties de l'histoire profane, quoique de préférence dans les annales de la Grèce et de Rome.

Malgré la rigueur du principe qui fit maintenir l'emploi du vers latin pour la tragédie, le vers français s'y introduisit également à la faveur des intermèdes et des chœurs. Puis, la scène ayant fini par s'ouvrir à la comédie, celle-ci, qui s'adressait moins à l'élite savante des spectateurs, usa de l'idiome national et se mit à parler la langue de Molière.

L'emploi du français chez ces latinistes par excellence était une concession au goût du public, auquel la Société avait toujours cherché à ne pas déplaire. Une concession bien plus forte et qui eut aussi son tour, fut celle de l'introduction des femmes sur cette scène. L'interdiction de la présence du sexe sur le théâtre des collèges de l'ordre avait été d'institution. Dans l'article du *Ratio studiorum* ou plan d'études imposé à tous les colléges des Jésuites en 1683, il est expressément dit qu'il ne doit y être introduit ni femme, ni personnage habillé en femme (1).

Mais, avec le temps, la sévérité de ces prescriptions se relâcha et, au moins dans le siècle dernier, quand la mode fut de jouer des pastorales et des moralités à personnages allégoriques, il fallut bien que le costume féminin, sinon la femme elle-même, fût accueilli. On finit par accepter encore le personnage de la mère, de la matrone, dont le rôle, à la rigueur, pouvait être tenu par un éphèbe, mais on prohiba toujours la femme amoureuse. A cet égard, interdiction absolue, farouche. Le législateur du Parnasse jésuitique, le P. Jouvancy, a écrit dans son *Ratio docendi et discendi* : « Que l'on s'abstienne de tout amour profane, même chaste, et de tout personnage de femme, de quelque costume qu'on le revête. On ne peut toucher sans danger au feu, même sous la cendre. »

Dans les conditions que nous indiquons, cette production des tragédies de collége, qui ne s'est jamais interrompue qu'à de courts intervalles, et qui du XVIe siècle a duré jusque dans la moitié du XVIIIe, a été considérable, d'autant que, comme le dit l'historien de ce théâtre : « Ce n'était que par exception que le même ouvrage était représenté deux ou trois fois. Il fallait qu'une production incessante vint répondre à cette exigence annuelle. Les recueils de ces tragédies sont donc nombreux, mais ils ne forment que la moindre partie des ouvrages représentés (2). »

En somme, privé de ce double élément d'intérêt, la femme et l'amour, — outre qu'il ne s'exprimait pas toujours en français, — l'ancien théâtre de collége ne pouvait convenir qu'à un monde de pédagogues qui

---

(1) « Nec persona ulla muliebris vel habitus introducatur. » Voir E. Boysse, *Le Théâtre des Jésuites*, pag. 18.

(2) E. Boysse, op. cit. pag. 23.

formait la moindre partie des spectateurs. C'était, d'ailleurs, ou à peu près, l'exclusion du sexe féminin de la salle, les dames, si désireuses qu'elles fussent de voir couronner des fils ou des frères, pouvant ne pas se sentir le courage d'affronter des tirades latines pendant plusieurs heures; aussi, la mode s'imposant, les Jésuites sentirent la nécessité de donner des pièces, non seulement françaises, mais qui fussent, en outre, autre chose que des tragédies. Ce furent d'abord des intermèdes, la plupart du temps à personnages allégoriques; puis la comédie elle-même, mais la comédie morale, celle qui pouvait avoir la prétention d'exalter la vertu et de châtier le vice. Néanmoins, c'était ouvrir la porte aux choses du siècle, d'autant que cela s'associait, à l'occasion, avec des fables mythologiques.

Mais que fût-ce donc quand on introduisit sur ce théâtre, de plus en plus mondain, la musique et la danse, le ballet et l'opéra ? Or, il y eut là, paraît-il, une nécessité imposée par la mode. C'est ainsi, du moins, que les bons Pères en jugèrent, contraints peut-être par l'amour-propre des familles de leurs jeunes acteurs. On avait commencé par un genre mixte, la pastorale, toujours sans amour, qui se prêtait facilement aux habitudes courtisanesques de l'institution. « La pastorale, dit l'historien de ce théâtre, était ordinairement employée pour faire un éloge — que l'on croyait naïf — des grands personnages transformés en bergers. Bien des évêques furent loués sous les noms peu évangéliques de Daphnis ou de Tircis. Louis XIV figura dans la pastorale du P. Lejay sous celui du Grand Timandre (1). » Nous aurons

---

(1) E. Boysse, op. cit., pag. 62.

occasion, dans le cours de ce travail, de faire connaître une des pastorales du cru.

Comme la musique accompagnait dans ce genre de pièces la parole, on en arriva, naturellement, à l'opéra lui-même. On a signalé la découverte faite en 1874, à la bibliothèque Sainte-Geneviève, de Paris, d'un libretto d'opéra, *Jonathas*, musique de Charpentier, contemporain de Molière, composé pour le théâtre des Jésuites, dans le collège de Clermont, plus tard de Louis-le-Grand. C'est dans l'église de cette maison que s'introduisit, grâce à la politique accommodante de ses directeurs, l'habitude de faire chanter la messe en musique par les chanteurs et cantatrices en renom de l'Opéra. Cette tolérance conduisit plus tard le théâtre des Jésuites, en vue de donner plus de perfection aux ballets, qui avaient fini par s'y introduire, à donner pour coryphées aux élèves danseurs ces mêmes artistes de l'Opéra.

Le ballet fut un genre de divertissement qui, comme on sait, fit fureur sous Louis XIV, si bien que des prêtres courtisans ne crurent pouvoir mieux faire que de lui donner une place dans leurs représentations, bien entendu en le moralisant et en en écartant les femmes et l'amour. Quelques-uns d'entre eux ne dédaignèrent même pas d'en écrire les règles. On a un traité sur la matière, et qui n'est pas le seul, sous le titre : *Des Ballets anciens et modernes*, du P. Menestrier, plus connu par ses traités de la science héraldique.

Le ballet fut admis à l'honneur de figurer sur la scène des collèges à titre d'intermède et pour reposer des lourdes tirades tragico-latines. En même temps qu'on les dansait, on en chantait la musique sur des paroles françaises. D'ailleurs, comme la pastorale et la comédie du lieu, il avait la prétention, tout en amusaut les yeux et l'esprit, d'offrir un enseignement moral. Les Jésuites auraient pu mettre, en manière d'épigraphe, en tête de leurs ballets, le précepte d'Horace, *utile dulci*, car, suivant le dire de l'un d'eux, le but de ce spectacle était de présenter à leur public des « instructions aussi utiles qu'agréables ».

Le P. Porée, auquel nous empruntons cette citation, l'avait insérée dans le programme d'un ballet qui fut représenté en 1726 au collège Louis-le-Grand. Ce ballet portait un double titre, où le but en question se manifestait par une répétition :

L'HOMME INSTRUIT PAR LES SPECTACLES
OU LE THÉATRE CHANGÉ EN ÉCOLE DE VERTU

Le prologue contenait une série de strophes, dont l'une offre le développement poétique de cette conception du ballet :

> La danse même a son langage,
> Elle instruit par ses mouvements,
> Et semble nous offrir l'image
> Du cœur et de ses sentiments (1).

Ces représentations scéniques avaient lieu, d'ordinaire, deux fois par an, à la distribution des prix de Pâques et à celle qui précédait les grandes vacances du mois d'août. Les premières se donnaient le matin et avaient pour acteurs les élèves de seconde ; les autres, dans l'après-midi, et étaient réservées aux élèves de rhétorique. Mais nous verrons que le collège de Bourges ne se montra pas fidèle à cette règle, au moins au siècle dernier. Quelques jours avant la représenta-

---
(1) E. Boysse, op. cit., pag. 279.

tion, on lançait en ville et au dehors des invitations aux principaux membres du clergé séculier et régulier, aux dignitaires et fonctionnaires civils de tous ordres, ainsi qu'aux familles des élèves, en faisant tenir aux invités le programme du spectacle, comprenant habituellement une tragédie et une comédie. Ces programmes, d'abord rédigés en latin, mais qui, au siècle dernier, employèrent aussi le français, mentionnaient, outre le titre des pièces et le jour et l'heure de la représentation, la liste des personnages, en regard du nom des élèves-acteurs. Le plus souvent, le titre de la pièce était accompagné d'un argument, exposant en quelques lignes le sujet du drame ou de la comédie que l'on devait jouer.

Nous avons eu la bonne fortune de retrouver quelques-uns de ces programmes, fort peu nombreux, il est vrai, mais qui suffisent à nous fournir des renseignements que nous ne trouverions pas ailleurs. C'est du milieu du XVIIe siècle que partent les plus anciens. Antérieurement à cette époque, ce n'est que le hasard qui nous fait rencontrer d'autres indications spéciales du même genre. C'est ainsi que nous apprenons incidemment que, en l'année 1584, les jésuites de Bourges représentèrent sur leur théâtre le martyre de Saint Étienne. Nous sommes encore là en plein dans le répertoire des Confrères de la Passion. Le fait nous est connu à l'occasion d'une querelle que les Pères du collège eurent avec un marchand de bois du faubourg Saint-Privé, au sujet de la fourniture de quelques chevrons destinés à monter le théâtre sur lequel fut joué le mystère (1).

Pour toute la moitié du siècle suivant nous ne possé-

(1) Arch. départ. du Cher, fonds des notaires de Bourges, minutes de Michel Bounet. Liasse de 1584, E, 1607.

dons qu'un renseignement du même genre ; il est vrai qu'il est très explicite, et qu'il présente un intérêt tout spécial. Voici les détails du fait en question, que nous puisons dans le journal des Lelarge.

La mort du prince Henri II de Condé, gouverneur du Berry, survenue en 1647, fut l'occasion de grandes cérémonies et de pompes funèbres, dont les Jésuites prirent naturellement leur part avec ardeur, car ils perdaient en lui un protecteur précieux. Le détail de ce qu'ils firent alors pour honorer sa mémoire est précisé comme il suit dans notre journal. Les cérémonies commencèrent le jeudi 28 mai, et les bons Pères, ce jour-là, « firent la closture de toutes les pompes funèbres par un appareil merveilleusement beau, qui estoit dans leur église, toute tandue de deuil aux armes et chifres du deffunct en grand nombre, accompagnez de plusieurs devises et emblesmes curieuses et fort recherchées » (1). Puis, le père Lasne, professeur de rhétorique, prononça une harangue funèbre, et la journée se termina par les vigiles des morts. Le lendemain, messe en musique.

« Les prières, ajoute Lelarge, furent suivies des explications, des énigmes et affiches des classes, qui estoyent toutes faictes et représentées en l'honneur du Prince deffunct ; et entre toutes les belles choses parust un tombeau artistement faict, pour l'ornement duquel il y avait Apollon et les neuf Muses, avec tous les amours en deuil, qui les accompagnoyent pour pleurer la mort du père des Muses, avec quantité de belles et riches descriptions. »

Ce qui précède, les petits Cupidons compris, est

---

(1) Biblioth. munic. de Bourges, *Journal des Lelarge*, n° 382 du catalogue des manuscrits de M. Omont, pag. 55 et suiv. ; voir aussi l'imprimé par Jongleux en 1881, pag. 81.

déjà bien intéressant, mais ce qui complète le tout, c'est que les bons Pères, jugeant sans doute qu'il ne saurait y avoir de bonne fête sans spectacle, eurent l'idée de clore la cérémonie par une pièce de théâtre, comme nous l'apprend en ces termes le même annaliste : « A quoy succéda une belle et grande tragédie fort bien receüe de tous les assistans, qui fust seulement troublée par une grande sédition, qui arriva par ceux qui ne peurent entrer, dont les Pères Jésuistes ayant faict pleinte en justice, en eurent peu de satisfaction ; et moy qui estoys avec Messieurs de la Ville pour appaiser la sédition, feus recognu et maltraicté par quelques particuliers avec peu de raison (1). »

Cet épisode, si naïvement raconté, prouve que, à cette date encore, si les Pères du collége avaient des partisans en ville, ils avaient aussi des ennemis, qui semblent avoir choisi avec empressement l'occasion de faire sans danger une manifestation contre eux. Quant au titre de la tragédie qui servit de prétexte, il aurait été CLÉARQUE, si nous nous en rapportons à ce fragment de programme incomplet. « In funere Serenissimi principis Henrici Borbonei Condœi CLEARCHUS ejusdem adumbrata effigies. *Drame funèbre.* Dabitur in theatrum ab selecto flore juventutis Collegii bituricensis Societatis Jesu, die V april. MVICXLVII. »

Mais nous possédons de l'année suivante le programme d'une tragédie d'*Alceste*, qui fut représentée le 5 de mars. Voici ce programme :

(1) Biblioth. munic. de Bourges, pag. 83-84 du *Journal* imprimé des Lelarge.

D. O. M.

ALCESTUS seu PIETAS INFORTUNATA

DRAMA TRAGICUM

Ad privatam liberaliorum hilaritudinem dabitur à selectis convictoribus (1) *collegii. Bit. B. Mariæ Soc. Jesu, die martii 5, horâ sesqui sextâ vespertinâ M.D.C.LVIII.*

Biturigis excudebat Joan. Christo, collegii bituricensis Societatis Jesu architypographus 1658.

ARGUMENTUM

Petrus rex Arragonius, expugnatis Toletanis priscè indixerat, ne quis ulla omnino arma gestaret. — Civis è primatibus unus, cum in filium incidisset gladio instructum, ex manibus illum extorsit, sed ipse mox à capitali tribuno deprehensus in carcerem abripitur; capite quamprimùm damnandus, nisi se filius reum fassus in locum patris suffecisset, cui neci addito veniam à rege, urbis præfecti gratiâ fretus pater exoravit. Verùm ad custodiam se gaudiorum plenissimus vix contulerat cùm hausto veneno filium in extremâ vitæ luctâ positum reperit, adeo dilationem nulla res minus, quàm regia culpæ condonatio patitur.

(Ex Mariana lib. XVI, chap. xxi.)

SCENA TOLETI.

C'est-à-dire que, en deux mots, la fable se résume en ceci : Le roi Pierre d'Arragon, après la prise de Tolède, interdit à qui que ce soit le port des armes. Un père, trouvant son fils en contradiction avec l'ordonnance, s'empresse de le désarmer, mais, par une erreur déplorable, c'est lui-même qui est arrêté, et il subirait la peine capitale si son fils ne se déclarait cou-

(1) *Convictor* signifie, à proprement parler, commensal; ici, il veut dire pensionnaire.

pablo à sa place. Le roi lui ayant fait grâce, le père court plein de joie à la prison pour le délivrer, mais il le trouve expirant sous l'effet du poison qu'il a pris. Ce récit est emprunté à l'*Histoire d'Espagne* du Jésuite Mariana.

Le *Journal des Lelarge* nous fournit encore l'indication d'une tragi-comédie jouée sur le même théâtre en 1651, lors du retour de Bordeaux dans sa bonne ville de Bourges de la princesse de Condé, belle-fille du précédent et femme du grand Condé, pendant cette trêve de la Fronde, qui mit le Mazarin hors de France et Condé hors de prison. La princesse fut reçue en triomphe. Ecoutons notre chroniqueur :

« Le lendemain de son arrivée elle fust aux RR. PP. Jésuites, qui avoyent presparé une très belle tragy-comédie en son honneur ; et de là vint en l'Hostel de ville où elle estoyt attendüe avec une grande et célèbre compagnie et collation publicque, qui fust mal conservée pour l'honneur de Madame la Princesse, d'autant qu'elle fust plustôt consommée qu'elle ne l'eust veue, et mangea à part dans une chambre avec grande incommodité à cause de l'abondance du peuple. Après la collation on dansa un ballet dont elle fust fort satisfaicte et rendit grand tesmoignaige de joie pour les satisfactions et honneurs qu'elle avoyt resceus (1). »

Je retrouve l'argument d'une autre tragédie sur les gardes d'un recueil in-12 de morceaux choisis d'Ovide, imprimé en 1693 pour les PP. Jésuites par leur imprimeur J.-J. Cristo. Le titre, qui manque, était probablement *Constantinus*. Le sujet, indiqué dans un argument en français et emprunté aux Histoires de Zozime,

(1) Journal imprimé des Lelarge, pag. 121-125. — DE RAYNAL, Hist., XI, 2.

d'Eusèbe et d'Eutrope, est la lutte de Constantin contre Maxence et le triomphe de la croix par la défaite de ce dernier. « La scène, est-il dit à la fin, est dans le camp de Constantin auprès de Rome. L'ouverture du théâtre se fera en l'honneur de Monseigneur l'Intendant par une troupe de Poëtes et de Vertus. » L'Intendant en question était M. Dey de Séraucourt.

On peut croire que cette tragédie de Constantin fut la même qui avait été jouée le 6 août 1681 chez les Jésuites du collége de Clermont à Paris, et dont mention est faite dans l'ouvrage de M. Boysse (1). Mais le fragment du programme que nous possédons est trop incomplet pour que nous puissions même connaître tous les personnages qui y figuraient.

Il nous faut maintenant laisser s'écouler quarante ans avant de rencontrer un autre programme du même théâtre, in-12 comme le précédent, mais sans nom d'imprimeur et complètement en français, bien que la pièce soit latine. Cette fois, nous avons affaire à une comédie : *L'Homme ycre de sa fortune*, représentée par les élèves de seconde aux vacances de mars. Pour la première fois nous pouvons y lire tout au long le nom des acteurs.

(1) E. Boysse, *Le Théâtre des Jésuites*, pag. 180.

L'HOMME YVRE DE SA FORTUNE

PIECE LATINE

SERA REPRESENTEE

PAR LES ECOLIERS

DE SECONDE

Dans le College Royal de Sainte Marie de la Compagnie de JESUS, Mercredy 11. Mars 1733. à deux heures après midy.

SUJET DE LA PIECE.

UN Homme de peu de chose est agréablement surpris d'apprendre qu'une riche Veuve en mourant l'a déclaré par son testament son légataire universel. Il en prend occasion de s'enorgueillir : il méconnoit son pére, & ne veut plus voir son ancien ami, parcequ'ils étoient l'un & l'autre d'une condition médiocre. Le Testament est porté en justice : on y découvre plusieurs défauts essentiels : il est cassé. Le Légataire rendu à son premier état est justement puni de son mauvais cœur & de son orgueil.

Noms & Personages des Acteurs.

CONNAXA, *Vieillard.*
SYLVAIN BONNEAU DE VAUX.   de Saint Genoux.

CLEROPHILE, *Gendre de Connaxa,*
PIERRE FRANÇOIS BOURSAULT DE BELLE-
   CHAUME,   de Paris.

PHILLIDOR, *autre Gendre de Connaxa,*
PIERRE MAIGREAU,   d'Yssoudun.

PHRONIME, *Ami de Connaxa,*
PIERRE FRANÇOIS FLANDIN,   de Corbigny.

GORINET, *Valet de Connaxa,*
GABRIEL CATHERINOT DE BARMONT,   de Bourges.

BRISETOUT, *Valet de Clerophile,*
FRANÇOIS ESTIENNE GUYARD,   de Bourges.

VALERE, *Marchand étranger,*
ESTIENNE FLEURY DE LA BRUERE,   de Châteauroux.

ERGASTE, *Facteur,*
CHARLES DORSANNE.   de Bourges.

La Scene est à Bordeaux.

Diront le Prologue

ESTIENNE FLEURY DE LA BRUERE.   de Châteauroux.
GUILLAUME DE SAUZAY BEAULIEU.   de Bourges.

Parfois, ces représentations, qui se donnaient dans les premiers mois de l'année, portaient le nom de *Fables*; ainsi, à nous ne savons quelle occasion, un matin de janvier de l'année 1724, on fit jouer aux rhétoriciens une fable ayant pour titre : *L'adolescent corrompu par le mauvais exemple*. Sept élèves y figurent comme *acteurs*.

En janvier 1732, la fable représentée a pour titre : *L'ami de tout le monde n'est l'ami de personne, Omnibus amicus nulli amicus*. Ces fables, comme on le voit, sont ce qu'on appellera plus tard des proverbes. Le programme de cette dernière pièce nous est parvenu en placard (1).

(1) Notons, comme une particularité curieuse, que ce n'est pas toujours à des représentations dramatiques ou à des exercices littéraires que le collège conviait son public, il l'invite également parfois, à l'aide d'affiches et de programmes, à venir voir résoudre des énigmes par les élèves de troisième, de seconde et de rhétorique. Sur certains de ces programmes, les sujets d'énigmes sont reproduits tout au long. Il n'y a ordinairement qu'un seul élève désigné pour la soutenance par classe. C'était sans doute lui qui posait l'énigme, et qui en donnait la solution quand ses condisciples n'avaient pas su la trouver.

D. O. M.[1]

OMNIBUS AMICUS NULLI AMICUS,

FABULA EXHIBEBITUR

A SELECTIS RHETORIBUS

REGII B. M. COLLEGII SOCIETATIS JESU

Die Martis 22. Januarii an. Dom. 1732. horâ nonâ matutinâ.

PERSONÆ.	ACTORUM NOMINA.	
PANDOPHILUS.	Joannes Guichard,	Albiniacus.
GELASTUS, *Pandophili socius*.	Jacobus Philippus Desgrangiers,	Bituricus.
CLEANDER, } *Inimici*.	Petrus Dachel,	Bituricus.
TECHNOPHILUS,	Franciscus Despalt,	Gennabensis.
EUDOXUS, *amicus Cleandri*.	Joannes Memet,	Cufanus.
FANFARONIDES, } *Æmuli*.	Joannes de Riviere de Ritardeau,	Bituricensis.
FADIUS.	Franciscus Fauvre,	Bituricus.

Prologum Dicet
Jacobus Philippus Desgrangiers.

BITURIGIBUS, ex Typographiâ J. B. Caisro, Collegii Societatis JESU Typographi-Bibliopolæ.

[1] *Deo omnipotenti maximo*, formule lapidaire empruntée à l'épigraphie antique où elle s'appliquait à Jupiter.

De l'année 1741 nous connaissons un autre programme, sous forme d'affiche, d'une « fable » ayant pour titre : *Juvenis exlex, Le jeune homme hors la loi*. Les acteurs y sont au nombre de onze, dont deux sont chargés du prologue et de l'épilogue. En voici la reproduction :

D. O. M.
JUVENIS EXLEX.
FABULA.

DABITUR IN THEATRUM
A SELECTIS SECUNDANIS
REGII BITURICENSIS B. M. COLLEGII SOCIETATIS JESU

Die Jovis 23ª. Martii, anno Domini 1741. horâ nonâ matutinâ cum mediâ.

ACTORES

PERSONÆ.		*NOMINA.*	
CHRYSALDUS.		Nicolaus Rossignol,	Bituricus.
NEOTIMUS,	*Chrysaldi Frater,*	Nicolaus Bonnet (Convict.)	*a Sancto Amando.*
CLINIA,	*Chrysaldi Filius.*	Ludovicus de Fontenettes,	Oblincensis.
LEANDER,	} *Cliniæ Comites.*	Andreas de Villaine,	Argentonæus.
DIPNOPHILUS,		Theobaldus Nizon (Convict.)	Sacrocæsariensis.
EUGENIUS.	*nobilis Adolescens,*	Claudius Souciet,	Bituricus.
RUFUS,	*Pædagogus.*	Renatus de la Ronde,	Araricus.
FRIFILINUS,	*Obsonator.*	Renatus de la Ronde,	Araricus.
TRACHALIO.	*Cliniæ Servus.*	Philippus Soulet,	Exolduñus.

Sena Parisiis.

PROLOGUM DICENT ET EPILOGUM

Theobaldus Nizon (Convict.) *Sacrocæsariensis.*   Ludovicus de Fontenettes, *Oblincensis.*

Typis J. B. Cristo.

Terminons la série de ces reproductions par celle de deux programmes de représentations des mois de février 1746 et 1749, tirées chez J.-B. Cristo en petit in-4°; ils contiennent chacun l'annonce d'un *drame comique*, ou tragi-comédie, et d'une comédie. Les tragédies étaient réservées pour les grands spectacles du mois d'août. Les drames sont en latin, les comédies en français. Le premier programme porte : *Le Distrait* (?), *Homo alio distractus*, et *Le Nouvelliste*.

VIR ALIO DISTRACTUS
DRAMA COMICUM

DABITUR A SELECTIS SECUNDANIS

IN REGIO BITURICENSI COLLEGIO

BEATÆ MARIÆ SOCIETATIS JESU.

Die Mercurii 16. Februarii, anno Domini 1746, horâ secundâ post meridiem.

BITURIGIBUS

Ex Typographiâ J. B. Cristo, Collegii Societatis Jesu Typographi.

M. DCC. XLVI

PERSONÆ.

CHREMES, *Vir alio distractus.*
Petrus de la Coudre, (Conv.)   *à Sancto-Amando.*

CTESIPHO, *dux Militaris, Chremetis Frater.*
Ludovicus Teillay,   *Bituricensis.*

PHÆDRIA, *Filius Chremetis.*
Carolus Morin,   *Bituricus.*

SOSIA, *Servus Chremetis.*
Franciscus Pournin,   *Castillionensis ad Indrum.*

DAVUS, *Phædriæ servus.*
Franciscus Poncharaux, (Conv.)   *Charitæus.*

PRODROMUS, *Villicus.*
Petrus de la Châtre, (Convictor,) *Issoldunus.*

PROLOGUS.

Franciscus-Guillelmus Alloury, (Conv.   *Engilbertus.*

Scena est Divioni.

LE NOUVELLISTE,

COMÉDIE FRANÇOISE.

SERA REPRESENTÉE

PAR LES ECOLIERS DE SECONDE

du College Royal de Sainte Marie de la Compagnie de Jésus.

Mercredy le 16. Fevrier 1746. à deux heures après midy.

NOMS DES ACTEURS

NEOPISTE, Nouvelliste.
 François Beraud, (Pension.)   du Diocèse de Bourges.
PHRONIME, Frere de Neopiste.
 Loüis Bonnet,   de Saint-Amand.
ALCIDOR, Fils de Neopiste.
 Jean-Baptiste Letang, (Pensionnaire,)   d'Issoudun.
EUGENE, petit fils de Neopiste.
 Franç. Guill. Alloury, (Pens.)   de Moulin en Gilbert.
POLEMOPHILE, Capitaine d'Infanterie.
 Charles Arnault, (Pensionnaire,)   d'Auzanse.
NUGIPHILE, Nouvelliste.
 Pierre Blanzat de Bellair, (Pension.)   de Montluçon.
LONGUE-VUE, Nouvelliste.
 Antoine de Laporte,   de Châteauroux.
NEOPHRONDE, Nouvelliste.
 Loüis Loiseau,   du Diocèse de Bourges.
SANGARIDE, Soldat de Polemophile.
 Jean-Baptiste Thery,   d'Issoudun.
DU ROSSOLI, Caffetier.
 Barthelemy Dupuis Molinier, (Pens.)   de Limoges.
LUBIN, Fermier de Neopiste.
 Claude Soulet, (Pensionnaire,)   d'Issoudun.
TROTINET, Valet de Neopiste.
 Guillaume Luneau,   d'Issoudun.

DIRA LE PROLOGUE

Grançois-Guill. Alloury, (Pens.)   de Moulin en Gilbert.

La Scene est à Paris.

L'autre programme annonce : *Le jeune noble qui déroge, Juvenis à nobilitate degener*, et *Le Fainéant*.

JUVENIS A NOBILITATE DEGENER,

DRAMA COMICUM

DABITUR A SELECTIS SECUNDANIS

IN REGIO BITURICENSI COLLEGIO

B. M. SOCIETATIS JESU.

Die Mercurii 12. Februarii 1749. horâ ipsâ secundâ pomeridianâ.

BITURIGIBUS,

Apud J. B. Cristo, Collegii Societatis Jesu Typographum & Bibliopolam.

M. DCC. XLIX.

PERSONÆ
ET ACTORUM NOMINA

AMNEMOGENES, juvenis à nobilitate degener
  Joannes-Baptista Dubreuzé,   *Bituricus.*
EUGENIPHYLAX, Amnemogenis Frater.
  Guillelmus Goury,   *Bituricus.*
MICIO, Amnemogenis Patruus.
  Nicolaus Tomberault,   *Bituricensis.*
GNATO, Micionis amicus.
  Petrus Vermeil,   *Magdunus.*
SIMALIO, Amnemogenis servus.
  Benedictus Lamolle de Givry, (Convictor)   *Nivernus.*
SANNIO, Micionis servus.
  Joannes Degalles,   *Castrorodulphus.*
SOSIA, Eugeniphylactis servus.
  Franciscus Witass,   *Bituricus.*
CRISPICOMUS, Comarum concinnator.
  Marcus-Antonius Sacrot,   *Culanus.*
GEORGASTES, Villicus.
  Guido Huet,   *Bituricus.*
NUGIVENDUS, Circitor.
  Ludovicus Sallé,   *Bituricus.*

PROLOGUS.

Philippus de Lachastre,   *Exoldunus.*

Scena est ante Ædes Amnemogenis.

LE FAINEANT,

PIECE FRANÇOISE,

SERA REPRÉSENTÉE

PAR LES ECOLIERS DE SECONDE

DU COLLEGE ROYAL DE SAINTE MARIE

DE LA COMPAGNIE DE JESUS.

Mercredy 12. Fevrier 1749. à deux heures précises après midy.

PERSONAGES ET NOMS DES ACTEURS.

CHRISALE, jeune homme faineant.
  Louis-Marie de Lalande, (Pensionnaire)   de Gien.
ANSELME, Grand-pere de Chrisale.
  Jean Degalle,   de Châteauroux.
TIMANDRE, Tuteur de Chrisale.
  Jean-Philippe de Lachastre,   d'Issoudun.
LEANDRE, ami de Chrisale.
  Pierre Vermeil,   de Mehun.
VALERE, Parent de Chrisale.
  Louis Sallé,   de Bourges.

DAMIS.
  Louis Deville,   de la Charité.
ÉRASTE.
  Jean-Baptiste Dubreuzé, de Bourges.   } Amis de Chrisale.
CAQUET.
  Élie-Bernard Gaulmier, de Bourges.
MÉLOPHILE, amateur de Musique.
  François Witass,   de Bourges.
LUBIN, nourricier de Chrisale.
  Marc-Antoine Sacrot,   de Culan.
MASCARILLE, valet de Chrisale.
  Benoist Lamolle de Givry, (Pensionnaire) de Nevers.
L'ENDORMI, petit valet de Chrisale.
  Paul de Riejot de Verneuil, (Pensionnaire) de Nevers.
GÉRÉSOL, Maître de Musique.
  Paul de Riejot de Verneuil, (Pensionnaire) de Nevers.
Un Maître de Vielle.
  Louis Sallé,   de Bourges.
Mr. TRIGONNE, Mathématicien.
  Nicolas Lemoine,   de Bourges.
Mr. CLAIR-OBSCURE, Peintre.
  Guy Huet,   de Bourges.
Mr. CITRONELLE, vendeur de Caffé.
  Guillaume Goury,   de Bourges.
MARAUDIN, valet d'un Jeu public.
  Nicolas Lemoine,   de Bourges.
LAVIOLETTE, valet.
  Jean Degalle,   de Châteauroux.

DIRA LE PROLOGUE.

Louis Deville,   de la Charité.

Chantera l'Épilogue.

Pierre Vermeil,   de Mehun.

La Scène est à Paris, dans la Maison de Chrisale.

Si les Jésuites s'étaient contentés de jouer des tragédies ennuyeuses et des comédies morales, et même de faire danser ou chanter à leurs élèves des ballets et des opéras « sans amours », on ne leur en aurait pas trop voulu pour cela, et ils auraient pu dédaigner la critique des mécontents. Mais l'Institut, ne se contentant pas de son double caractère religieux et littéraire, était aussi un redoutable instrument politique. Ce fut pour son malheur. Il avait pour lui la faveur de la Cour, mais une forte hostilité, qui ne désarmait pas, continuait à régner contre lui. Dans les Parlements, dans l'Université, et même dans l'Église, dont les grands dignitaires étaient loin de lui être tous favorables, le même esprit d'opposition se faisait sentir. Depuis leur rentrée en France et la reprise de la direction du collège de Bourges, une certaine partie de la population persistait à les y voir de mauvais œil (1). Sous la Fronde, le collège avait été un foyer de troubles et de désordres. Un siècle plus tard, au moment où nous en sommes, survenaient les querelles à propos de la bulle *Unigenitus*, œuvre desdits Jésuites, et les membres du Parlement de Paris se voyaient, à cette occasion, envoyés en grande partie en exil à Bourges (1753). Cette mesure mettait les adversaires en présence.

Feu M. Ubicini nous a raconté d'une plume spirituelle l'histoire du séjour des parlementaires dans la vieille capitale du Berry, dont ils secouèrent un instant la torpeur. Son récit est résumé d'un manuscrit de la Bibliothèque nationale, dont s'était déjà servi M. de Raynal (2).

Donc, au mois de mai 1753, vingt-neuf, parmi les

---

(1) DE RAYNAL, *Hist.*, XI, 3.
(2) Voir, dans le compte-rendu des *travaux de la Société du Berry*, tom. XI, 1863-64, pag. 265 et suiv., *Bourges en 1753 et 1754*, par Ubicini. Depuis, il a paru un travail étendu sur la disgrâce et l'exil du Parlement à Bourges en 1753, sous le titre : *La Société par-*

plus compromis des opposants dans le Parlement, s'installèrent pour quinze mois dans divers quartiers de la ville. Plus tard, leurs femmes vinrent les y rejoindre. Inutile de dire que les Jésuites de la résidence et leurs partisans firent un froid accueil aux nouveaux arrivants, qui avaient pour eux la magistrature, la haute administration et peut-être l'archevêché.

Les parlementaires, bourgeois grands seigneurs, étaient, pour la plupart au moins, plus folâtres qu'on ne serait tenté de le croire. Ils apportaient, d'ailleurs, de Paris, les usages de la haute société, chez qui le jeu et le spectacle étaient des récréations habituelles. Ils se gardèrent bien d'oublier leurs habitudes, notamment celle du théâtre : un premier essai en fut fait chez M. de Chavanne, un ami de Voltaire, où Molière obtint un grand succès. Cela encouragea la compagnie, et deux autres théâtres de société se montèrent dans des châteaux, situés aux portes de la ville, par la formation de deux troupes d'amateurs, dont firent partie les membres de la société bourgeoise.

L'une des troupes, dite *la Royale*, installa son théâtre à la Chappe, sans doute au château de Vouzay, près du moulin Bâtard, que la fameuse comtesse Desbarres (l'abbé de Choisy) avait dû mettre en relief au siècle précédent. Cette troupe était sous la direction de l'abbé de Latteignant, le célèbre chansonnier magistrat. L'autre troupe, dite *la Ragotine*, du nom d'un des personnages du *Roman comique*, de Scarron, installée au Pré-Savoy, avait pour directeur M. de La Belouze, aussi l'un des exilés de la *Colonie*, comme on

---

lementaire. *Les Exilés de Bourges*, par A. Grellet-Dumazeau, 1892, in-8°. Les renseignements pour ce travail sont, en grande partie, empruntés à la source où avait puisé M. Ubicini. Il y est parlé du théâtre aux chap. XIV et XV, mais les détails qui y sont offerts à ce sujet ajoutent peu à ce que nous savions déjà.

disait. Probablement que les deux troupes s'étaient partagé la tâche, et que si la troupe *Royale* s'essayait plus spécialement à la tragédie, plus folâtre, la *Rogatine* devait avoir pris pour sa part plutôt la comédie, et même la bouffonnerie au besoin.

De quel œil le collége vit-il cette concurrence, où se manifeste si curieusement la liberté philosophique du temps? Malheureusement, la chronique en question ne nous l'apprend pas. Nous savons seulement qu'il y avait de l'aigreur entre la magistrature, prenant parti pour les parlementaires, et les Jésuites. C'est ainsi que, lors de la rentrée du Bailliage, le 17 novembre 1753, le Lieutenant général prononça une harangue qui fit jeter à ces derniers les hauts cris. C'était le pendant du discours de Delaporte. Toutefois, en raison de l'opposition, de plus en plus générale, qui se dessinait contre eux, les disciples de Loyola devaient comprendre qu'ils avaient tout à gagner à agir de prudence et à s'effacer et se taire.

Ce fut, malheureusement pour eux, ce à quoi ils ne surent pas se résigner, si bien que, huit ans à peine après le départ de la *Colonie* de Bourges (1762), un arrêt de ces mêmes parlementaires, réintégrés sur leurs siéges, interdisait l'instruction publique à leurs ennemis et les chassait de leurs colléges, en attendant la suppression de l'ordre, qui fut décrétée en 1764.

Ces grands amateurs des jeux de la scène semblèrent en avoir emporté la tradition avec eux. Aussi, durant toute la période qui s'écoula depuis leur expulsion, n'entend-on guère que par exception parler dans le collége de représentation théâtrale. Les Jésuites y restèrent encore pendant les premiers mois de 1762. L'arrêt d'exécution du Parlement du 26 février, ayant mis tout ce qu'ils possédaient entre les mains de l'administration municipale, celle-ci fut chargée de procéder au choix et à l'installation du personnel, de la direction du collège et de ses nouveaux professeurs. La Mairie laissa ce soin à l'Université, qui confia au sieur Dupérin, curé de Marmagne, le titre de principal, qu'il devait garder jusqu'en 1786 (1). Un statut fut dressé par ladite Université qui prohibait dans le collège toutes représentations de comédies, tragédies ou opéras et ballets — *chorææ* — comme ayant moins pour but d'instruire les élèves que de tuer le temps — *ad terendum tempus* — et flatter les parents. Elles durent être, en conséquence, remplacées par des explications publiques d'auteurs choisis (2).

Cependant le théâtre scolaire était si bien entré dans les habitudes du temps que, malgré ce qui précède, on trouve encore mention d'une tragédie représentée à la distribution des prix de l'année 1765, et nous aurons occasion de raconter un épisode provoqué par une autre représentation, une quinzaine d'années plus tard. Mais ce durent être là des infractions à la règle; les professeurs, obéissant aux instructions, remplacèrent les drames et les comédies par des plaidoyers, non improvisés, assurément, mais où les élèves parurent s'exercer à l'éloquence, en développant le fruit des leçons de leurs maîtres sur des sujets de littérature et de morale.

Pour donner une idée de ce qu'étaient ces jeux d'esprit dans leur ordonnance, nous reproduisons le programme d'un de ces plaidoyers, qui est de l'année 1770 :

(1) Cf. M. Bruneau. *L'enseignement secondaire et supérieur des lettres et des sciences à Bourges de 1762 à 1792. Le collège Ste-Marie*, dans les *Mémoires de la Société historique du Cher*, IVe série, tom. VI, 1890, pag. 28-29.
(2) Décret de l'Académie du 28 mai 1764.

PLAIDOYERS

QUE DIRONT

LES RHÉTORICIENS

DU COLLEGE ROYAL

DE Ste MARIE DE L'UNIVERSITÉ

DE BOURGES,

Le Jeudi 6 Septembre 1770, à trois heures précises après midi.

A BOURGES,
Chez la Veuve de JACQUES BOYER,
Imprimeur de l'Université.

M. DCC. LXX.

SUJET.

Dans le cours de la guerre des Russes contre les Othomans, Alexiowits et Basilowits Officiers Russes et amis fidèles, ont été pris par les Turcs. La Mère d'Alexiowits ayant appris la captivité de son Fils, en a été si pénétrée de douleur, qu'à force de pleurer elle a perdu les yeux. Alexiowits a obtenu du Sultan la permission d'aller consoler sa Mère, après avoir promis par un serment solemnel de venir se remettre dans les fers, et avoir engagé son ami Basilowits à répondre sur sa tête de la fidélité de son serment. La Mère prétend avoir droit de retenir son Fils auprès d'elle.

PARLERONT,

POUR LA MERE D'ALEXIOWITS

ROMANOW,

M. Louis-Léonard Sacrot, — de Culan.

POUR BASILOWITS

ELPHINSTON,

M. Olivier Masson de Longpré, — de Paris.

POUR ALEXIOWITS

ALEXIOWITS lui-même,

M. Charles Delalande, — d'Issoudun.

LE JUGE

Le Sénateur DOLGOROUKY Président du Sénat de Moscou.

M. Pierre Leduc, — de Troyes.

RÉCITERA LE DISCOURS PRÉLIMINAIRE,

M. Pierre-François Léveillé du Fournay, — de la Charité.

FERA LE REMERCIMENT,

M. Pierre Leduc, — de Troyes.

Suivra la distribution des Prix.

Mais l'année 1779 devait offrir l'exemple suprême d'un essai de réveil des anciens spectacles, accompagnés de musique. Les pièces justificatives des comptes-rendus par l'économe-séquestre établi au collége depuis l'expulsion des Jésuites, nous font connaître que la distribution des prix de cette année 1779 fut égayée par la représentation d'une pastorale chantée, le 3 septembre, dans la salle des Actes du collége. La musique en avait été composée par le sieur Gervaise, professeur de musique de la ville (1).

Les paroles de ce très médiocre poëme, dont nous avons eu la chance de retrouver une copie manuscrite, que nous reproduisons en pièce justificative, était du régent de troisième, l'abbé Mouzon, qui en fit l'objet d'un panégyrique enthousiaste de l'archevêque Phelypeaux d'Herbaut.

Il ne faut pas oublier que nous sommes au moment où se réunissait sous sa présidence la seconde session de l'assemblée provinciale du Berry, établie d'après l'inspiration du Gouvernement à Bourges, pris comme lieu d'essai d'une véritable révolution administrative, qui provoqua alors l'enthousiasme général, dont notre pastorale se fait l'interprète mythologique. Lycidas et Coridon y célèbrent les transformations heureuses que fait prévoir pour le pays l'initiative de l'Assemblée. Le desséchement des marais, le rétablissement de la navigation sur l'Yèvre et l'Auron, la renaissance de l'industrie et du commerce, jadis si prospères à Bourges, on y verra

... Comme au temps du fameux Jacques Cœur
Le commerce amener l'aisance et le bonheur.

(1) Arch. départ., fonds du collége, D, 358.

Enfin Apollon vient en personne annoncer un grand évènement :

> Que j'ai déjà chargé Clio d'écrire
> Dans les fastes brillants de ce classique Empire,
> L'auguste sceau du père des Français
> Que de cette province obtint l'aéropage,
> Et que de Phélipeaux le zèle vous ménage,
> De ce Dieu tutélaire en comblant les bienfaits
> Des Muses du Berry comblera les souhaits.

A quoi cet oracle, passablement amphigourique, faisait-il allusion ? On peut croire que, en tout cas, Mouzon avait des ennemis, qui surent y voir des choses qu'il nous serait aujourd'hui difficile de deviner, et dont ils se firent une arme contre lui. Jean-Guillaume Mouzon, prêtre du diocèse de Rouen, avait d'abord professé l'éloquence à l'Ecole militaire de Clamecy. En 1778, il se présenta au concours pour la régence de troisième au collège de Bourges, et fut agréé à titre provisoire par décret du 6 décembre et n'aurait pas obtempéré depuis à l'invitation qui lui avait été faite de subir l'examen pour son adoption définitive.

Est-ce cette circonstance qui lui aurait aliéné les esprits de gens haut placés dans l'Université ? Toujours est-il qu'on saisit l'occasion de cette malheureuse pastorale pour s'en faire une arme contre lui.

Dans l'ignorance où nous sommes des dessous de cette affaire, nous ne pouvons guère deviner ce qui s'y dissimulait. Il est certain, en tout cas, qu'elle prit des proportions sérieuses ; il ne s'agissait de rien moins que d'expulser l'auteur de sa chaire. Pourtant, l'esprit qui avait inspiré l'œuvre n'avait pas d'abord paru si mauvais qu'on voulut ensuite le faire entendre, car elle devait être connue certainement des membres de l'Université du collége, et elle avait dû recevoir l'approbation de ceux qui dirigeaient l'établissement, puisque ce fut aux frais du collége que le compositeur Gervaise en fit la musique.

L'auteur, de son côté, multipliait ses démarches, avec les plus instantes prières pour conserver sa chaire. Ses adversaires l'accusaient d'être insuffisant comme professeur, et, dans sa pastorale, d'avoir « essentiellement manqué à des personnes de la première distinction. » Il paraît que c'était de l'intendant Feydeau qu'il s'agissait. Il était alors à Paris, où Mouzon lui écrivit pour lui apprendre le système d'accusation employé contre lui, et le priant de s'intéresser à sa cause. M. Feydeau en écrivit au recteur, rappelant que, comme invité, il avait assisté à la distribution et à l'audition de la pastorale, où il n'avait rien trouvé d'offensant, et ajoutant que si c'était là le principal motif de l'expulsion qui menaçait l'auteur, il priait l'Université de révoquer son décret, désolé qu'on pût lui attribuer la moindre cause de trouble dans l'administration du collége.

Je ne sais comment cette lettre fut accueillie. Elle ne semble pas toutefois avoir empêché le recteur de faire ce qu'il put contre Mouzon en lui interdisant l'accès de sa chaire jusqu'à ce qu'un décret d'expulsion fût définitivement lancé contre lui (1).

Point n'est besoin d'ajouter que, après une tentative aussi peu réussie, les jeux de théâtre durent être pour jamais proscrits du collége. Il est de fait que nous n'en entendons plus parler par la suite. Les distractions de ce genre furent désormais remplacées unique-

(1) Arch. départ., fonds du collége, D, 358. On s'étonne, dans tout ce débat, de ne pas voir figurer une fois le nom de l'archevêque, objet des adulations de la pastorale.

ment par les exercices et les plaidoyers. Il en résulte que ce que nous avons à dire maintenant sur le sujet qui nous occupe se borne à fort peu de chose. Après une période d'interruption de vingt-quatre ans, le collége fut livré de nouveau à la direction d'une congrégation religieuse. L'essai qui venait d'être fait depuis le départ des Jésuites, ayant fourni la conviction que c'était le meilleur parti à prendre pour relever l'établissement d'une décadence qui le menait à sa ruine, un édit d'août 1786 confia aux Pères de la Doctrine Chrétienne, ou, comme on disait, aux Doctrinaires, le gouvernement du collége, dans lequel ils s'installèrent en décembre.

Les Doctrinaires constituaient un ordre, voué, comme celui des Jésuites, à l'instruction de la jeunesse; mais l'esprit qui animait leur congrégation, surtout à l'époque où ils vinrent à Bourges, était tout différent de celui de leurs orgueilleux prédécesseurs. Plus accessibles aux idées libérales, ils étaient entrés dans le mouvement du progrès, qui entraînait alors la généralité des esprits. On en a pour témoignage la faveur avec laquelle presque tous, parmi eux, devaient accueillir le nouveau régime, qui, bientôt, allait supplanter l'ancien. Il nous suffira de rappeler que le futur conventionnel Lakanal, le fondateur des Ecoles centrales, professa alors, comme Doctrinaire, dans la chaire de rhétorique de Bourges.

Plus austères, les nouveaux professeurs se préoccupaient moins de flatter les goûts frivoles du public pour se l'attacher. Aussi la tradition théâtrale ne rencontrait-elle chez eux aucune faveur, et il n'en fut plus jamais question. Les représentations scéniques firent place aux *Exercices* de toute nature, qui accompagnèrent seuls, désormais, les distributions de prix.

La nouvelle méthode d'enseignement remplaçait ainsi un jeu, où la mémoire et la vanité de l'enfant avaient plus de part que son intelligence, par une épreuve qui permit d'apprécier les progrès faits par l'élève sous l'enseignement du professeur.

Quand on considère, grâce aux programmes des *Exercices*, la marche suivie par les idées dans la suite de cet enseignement, on se demande quel eût été le caractère du théâtre universitaire s'il eût existé dans les dernières années et sous de tels maîtres. Ouvrons, par exemple, le programme pour 1788 et voyons comment les matières qui le composent sont considérées. Chez les rhétoriciens, le paragraphe de la *Morale* offre en réalité la substance d'un traité de théories politiques ou d'économie politique. Dans le paragraphe de l'*Art oratoire* on a introduit l'éloquence politique. Le paragraphe de l'*Histoire naturelle* est un abrégé de M. de Buffon. Celui de l'*Histoire* a pour titre : Histoire des événements de la dernière guerre. On n'est pas plus moderne. Voilà qui tranche nettement avec l'enseignement des Jésuites.

L'exercice de la seconde se termine ainsi qu'il suit :

« Messieurs les répondans réciteront quelque ouvrage de leur composition.

» Monsieur Bonneau ouvrira la séance par une allégorie.

» Monsieur Préville récitera une idylle sur l'Amour conjugal (!!!) (1).

» Monsieur Fricalet, « les regrets d'Émilie sur la mort tragique de sa sœur, » trait historique, Élégie.

(1) O *Émile*, comme on sent que tu as passé par là ! Mais que dire de ce passage où les mères sont engagées vivement à allaiter elles-mêmes leurs enfants et à ne pas les emmailloter ? (M. BERNEAU, op. cit., pag. 51.)

« Monsieur Charenton, « l'absence de Daphnis », églogue allégorique. »

Avec cela on pouvait, à la rigueur, se passer de pastorale.

Ce programme se termine par ces mots : « Messieurs les répondans ouvriront la première séance par l'éloge de Gesner et la termineront par l'éloge du comte de Buffon. A la deuxième ils donneront : « Le voyage littéraire du Berry, dialogue mêlé de vers et de prose entre un antiquaire, un petit-maître, un gascon et un habitant du Berry. Cette séance sera terminée par la distribution générale des prix. »

Cela se passait sous la présidence de Lakanal. Si nous ne le rencontrons pas lui-même, non plus que ceux de ses collègues les Bonnaire, les Daguilhe, les Alaux, etc., dans les coulisses d'un théâtre de collége, nous pouvons plus tard retrouver ceux qui les portaient sur une scène autrement grande, et mêlés à des actions souvent tragiques et d'une bien autre portée.

APPENDICE

PASTORALE

En vers, mêlée d'ariettes, sur l'Administration Provinciale du Berry, pour être représentée au Collège Royal de Sainte-Marie de l'Université de Bourges à l'occasion de la Distribution des Prix.

LES PAROLES

sont de M. l'abbé Mouzon, professeur de troisième audit Collége,

ET LA MUSIQUE

de M. Gervaise.

PERSONNAGES

APOLLON.
CORYDON,
LYCIDAS, } Bergers.

Une troupe de Faunes et de Sylvains.

PROLOGUE

Le Prince des Troyens autrefois chez Alceste
Distribua les Prix de la Course et du Ceste ;
Sa présence, l'espoir de vaincre sous ses yeux
Des fils de Dardanus animoient le courage.
O vous, dont la présence illustre icy nos jeux,
Puissions-nous mériter un pareil avantage !
Tandis que des Anglois vengeant les attentats,
Aux murs de Gibraltar nos flottes triomphantes
Vont arborer des lys les enseignes brillantes,
Puissent vous plaire icy nos paisibles combats !
Mais la reconnoissance aujourd'huy nous inspire ;
Elle va préluder..... ah ! daignez lui sourire :
Quels que soient nos succès, qui n'en seroit jaloux ?
Un seul de vos regards vaut mille prix pour nous.

SCÈNE Ire

CORIDON, LYCIDAS

CORIDON

D'où viens-tu, Lycidas? Ah! dis moi quelle joie
(Je veux la partager) sur ton front se déploye.

LYCIDAS

C'est celle, ô Coridon, qui brille dans tes yeux,
Celle qu'à tous les cœurs tout inspire en ces lieux.
Je viens de ces coteaux, et je songeois encore
Comme au gré de nos vœux le pampre s'y colore;
Mais sçais-tu bien quel est le Dieu dont la bonté
A nos riants coteaux rend la fécondité?

CORIDON

La source du bien-être
Qu'on va goûter en ces climats,
Qui pourroit, Lycidas,
La méconnoître?

Le meilleur des Prélats
Vient d'obtenir pour les Etats
Le sceau du roi, notre bon maitre;
Le meilleur des Prélats
Préside à nos Etats.

Pour nous l'âge d'or va renaitre:
Le meilleur des Prélats
Préside à nos Etats.

LYCIDAS

J'ai vu des Faunes, des Silvains
D'un pied léger danser sur l'herbe,
Et célébrer dans leurs refrains,
Des gourmets du Berry l'espérance superbe.
Leur voix, du nom de Phelipeaux,
Faisoit au loin retentir les échos.

SCÈNE IIe

Une troupe de Faunes et de Silvains accourent en chantant.

LES FAUNES ET LES SILVAINS

Oui, Bergers fortunés, du nom de Phelipeaux,
Notre voix fait au loin retentir les échos.
Il vient faire ici des heureux;
Il enchaîne ici le zéphire
A ses vertus comme à nos vœux,
La nature semble sourire.
Pour célébrer les fruits de ses soins vigilants
Unissez à nos voix vos discours et vos chants.

LES BERGERS

Pour célébrer les fruits de ses soins vigilants
Unissons à leurs voix nos discours et nos chants.

LES FAUNES ET LES SILVAINS

Pour lui, réveillez vos musettes :
Vos airs ont pour lui des appas.
Couronnez vos humbles houlettes
Des fleurs qui naissent sous ses pas.

LES BERGERS

Pour lui, réveillons nos musettes :
Nos airs ont pour lui des appas.
Couronnons nos humbles houlettes
Des fleurs qui naissent sous ses pas.

LES FAUNES ET LES SILVAINS

Vous n'avez plus pour vos tendres moutons
A redouter la dent des loups gloutons.
Son zèle heureux, sa sage vigilance
Ont loin de vous écarté cette engeance.

LES BERGERS

Non, des loups ravissans, les timides agneaux
    Ne seront plus ici la proie ;
    A la ville et dans nos hameaux
Ses soins vont ramener l'abondance et la joie.

LYCIDAS

Bientôt l'activité, réparant dans ces lieux
Les torts de la nature et ceux de nos ayeux,
Va changer nos marais en de gras pâturages.

CORIDON

L'Auron surpris verra sillonner ses rivages ;
Il les verra bientôt se couronner d'épis,
Se couvrir de raisins de sa fange sortis.
L'Yèvre partagera sa surprise et sa gloire,
Et le Cher pour porter aux sables de la Loire
Les trésors de nos champs, les fruits de nos travaux,
D'une forêt de mâts verra couvrir ses eaux.

LYCIDAS

L'honneur enfin, l'honneur aux mains du mercenaire,
Remettra parmi nous et la bêche et l'équerre.
L'industrie éveillée à sa puissante voix,
Sur nos talents oisifs, va reprendre ses droits.
A sa voix on verra de superbes montagnes
S'abaisser sous nos mains en de vastes campagnes.
Et chez nous, comme au tems du fameux Jacques-Cœur,
Le commerce amener l'aisance et le bonheur.

CORIDON

Le laboureur, content sous son humble chaumière,
Des sueurs de son front recevra le salaire ;
Sa femme, ses enfants, également heureux,
Avec lui, de leur sort, rendront grâces aux cieux ;
Ils béniront celuy que déjà l'espérance
Bénit dans tous les cœurs charmés de sa présence.

LES FAUNES ET LES SILVAINS

Ce qu'est le printems pour les fleurs,
Sa présence l'est pour les cœurs.

LES BERGERS

Ce qu'est une onde pure
Qui coule à flots d'argent sur un lit de verdure.
Ce qu'elle est pour des voyageurs
Qui, d'une soif ardente, éprouvoient les rigueurs,
Sa présence l'est pour les cœurs.

LES FAUNES ET LES SILVAINS

Comme un père plein de tendresse,
Il arrête sur vous ses regards bienfaiteurs ;
Son active bonté jusques à vous s'abaisse :
Élevez jusqu'à lui vos champêtres accens.

LES BERGERS

Son active bonté jusques à nous s'abaisse,
Élevons jusqu'à lui nos champêtres accens.

LES FAUNES ET LES SILVAINS

C'est le Dieu de vos bergeries ;
A l'envi dressez lui des autels de gazons.
Pour les orner, vos riantes prairies
Vous fourniront des fleurs dans toutes les saisons.

LES BERGERS

Ses autels sont dans nos cœurs ;
Nos sentimens sont nos fleurs.

LES FAUNES ET LES SILVAINS

Votre bonheur, celui de la province,
L'occupe au sein de la faveur.
Quand, près du trône, il fait sa cour au prince,
C'est d'elle, c'est de vous, qu'il parle à son grand cœur.

LES BERGERS

De notre amour il l'entretient sans doute
Encor plus que de nos besoins.

LES FAUNES ET LES SILVAINS

Faut-il donc s'étonner que Louis qui l'écoute
Ait si bien secondé ses soins.

LES BERGERS

De notre amour, il l'entretient sans doute
Encor plus que de nos besoins.

CORIDON

Louis a couronné ses essais et nos vœux.
Un conseil, qu'on prendroit pour le conseil des Dieux,
Va peser désormais, d'une juste balance,
Dans nos heureux destins, les destins de la France.

LYCIDAS

L'aurore qui commence à luire en nos cantons
Sur l'empire français étendra ses rayons.

LES FAUNES ET LES SILVAINS

Au milieu d'une nuit obscure,
N'avez-vous pas vu dans les cieux
Un phénomène dont l'augure
Sembloit vous annoncer ce destin glorieux?

LES BERGERS

Nous l'avons vu : c'étoit une aurore éclatante.
Son char garni de pourpre étoit d'azur et d'or,
    Et son écharpe éblouissante
    Embrassoit l'étoile du Nord.

LES FAUNES ET LES SILVAINS

Accepte ce présage, ô Berry fortuné.
    Le ciel de gloire te couronne ;
Sur les bords de l'Auron, dont le Dieu s'en étonne,
Le signal du bonheur à la France est donné.

TOUS repetent

Accepte, etc...

ACTE IIe

Apollon paroit. A son aspect, tous les acteurs son saisis d'effroy.

APOLLON

Bergers, rassurez-vous ; c'est moi qui chés Admette
Sur les rives d'Amphrise ai porté la houlette.
    Et vous, divinités des bois,
    Aux nobles accens de ma voix
    Reconnoissez le Dieu de l'harmonie
    Oui, de la cime d'Aonie.
Je descends sur ces bords attirés par vos chants,
De l'Auron préférant la rive fortunée
A celle du Permesse, à celle de Penée
Je viens y transplanter mes lauriers éclatants.
    J'y viens couronner mes enfants.
O vous, peuple naissant qu'ici la gloire appelle,
Athlettes généreux, amis quoique rivaux
Quel feu, quel feu divin dans vos yeux étincelle ?
Jouissez aujourd'huy du prix de vos travaux.

TOUS repetent

O vous, peuple naissant, etc.

APOLLON

Mes mains vont poser sur vos têtes
Ces lauriers dont le vif éclat
Fixa vos yeux dans le fort du combat,
Mes mains vont poser sur vos têtes
Mes lauriers immortels, doux fruits de vos conquêtes.

LES FAUNES ET LES SILVAINS

Ses mains vont poser sur vos têtes
Ses lauriers immortels, etc.

APOLLON

Mais écoutez en ce moment
Ce que le destin vous prépare,
Des prêtres à Delos, à Delphes, à Patarre
A ma divinité servent de truchement.
Moi même ici je viens prédire
Un grand évènement
Que j'ai déjà chargé Clio d'écrire
Dans les fastes brillants de ce classique empire.
L'auguste sceau du père des Français
Que de cette Province obtint l'aréopage
Et que de Phelipeaux le zèle vous ménage,
De ce Dieu tutélaire en comblant les bienfaits
Des muses du Berry comblera les souhaits.
A cet évènement ma gloire intéressée,
Souvent de ses effets entretient ma pensée.
Sous l'auspice des lys et d'un brillant sénat
De ma gloire en ces lieux je vois croître l'éclat ;
Je vois... mais trop longtemps je vous ferois attendre
O vous, dont les succès dans un âge encore tendre,
Assurent du Berry le superbe destin.
Le livre de l'honneur va s'ouvrir... quel silence !

Vos cœurs ont palpité de crainte et d'espérance ;
Une noble rougeur se répand sur vos fronts.
       Aux fastes de la gloire
       Sont-ils écrits vos noms ?
Oui, mes enfants, la main de la victoire
       Aux fastes de la gloire
       Traça vos noms chéris.
Soyez, soyez toujours mes heureux favoris.

LES FAUNES ET LES SILVAINS

Soyez, soyez toujours ses heureux favoris.

APOLLON

       Je vous ouvre mon sanctuaire,
Mais sçachés, en entrant dans ce docte séjour,
       Qu'il est un monstre à qui ma cour
       Sert, hélas ! souvent de repaire.
Son souffle, du Permesse empoisonne les eaux,
Il flétrit mes lauriers et les change en pavots ;
       Il éteint ma flame divine
       Dans les veines de mes enfants,
       Et des filles de Mnémosine
       Corrompt les précieux présents :
       Il endort leurs lâches amants
       Sur le penchant de la double colline.
Il glace le génie, étouffe les talents ;
Il range le grand homme à côté du vulgaire,
       Et réduit l'âme d'un Homère
       A l'instinct grossier d'un Mydas.
Ce monstre est la paresse ; ah ! craignez qu'en arrière
       Sa voix un jour ne rappelle vos pas.
De ce monstre craignez la voix enchanteresse.
J'ai terrassé Pithon ; mais la paresse, hélas !
Cette fille du Stix, ce fléau du Permesse,
       Est inaccessible à mes traits.
Que dis-je ? mes lauriers ont pour vous trop d'attraits.

Ecartons ces tristes images;
J'aime à mieux augurer de vos nobles courages,
De vos travaux, et des brillants succès
Qui vont de vos talents consacrer les prémices.
Venez, mes favoris, sous les brillants auspices
Du Dieu qui préside à vos jeux;
Venez de ces lauriers, vos plus chères délices,
Orner vos fronts victorieux.

LES FAUNES ET LES SILVAINS

Venez sous les brillants auspices
Du Dieu qui préside à vos jeux;
Venez de ces lauriers, vos plus chères délices,
Orner vos fronts victorieux.

Et vous pour qui surtout ce spectacle a des charmes,
Vous dont le noble orgueil éclatte en ce beau jour,
Mères tendres, versez, versez de douces larmes,
En voyant couronner les fruits de votre amour.

TOUS répètent

Et vous pour qui surtout, etc.

FIN.

BOURGES, IMPRIMERIE H. SIRE.

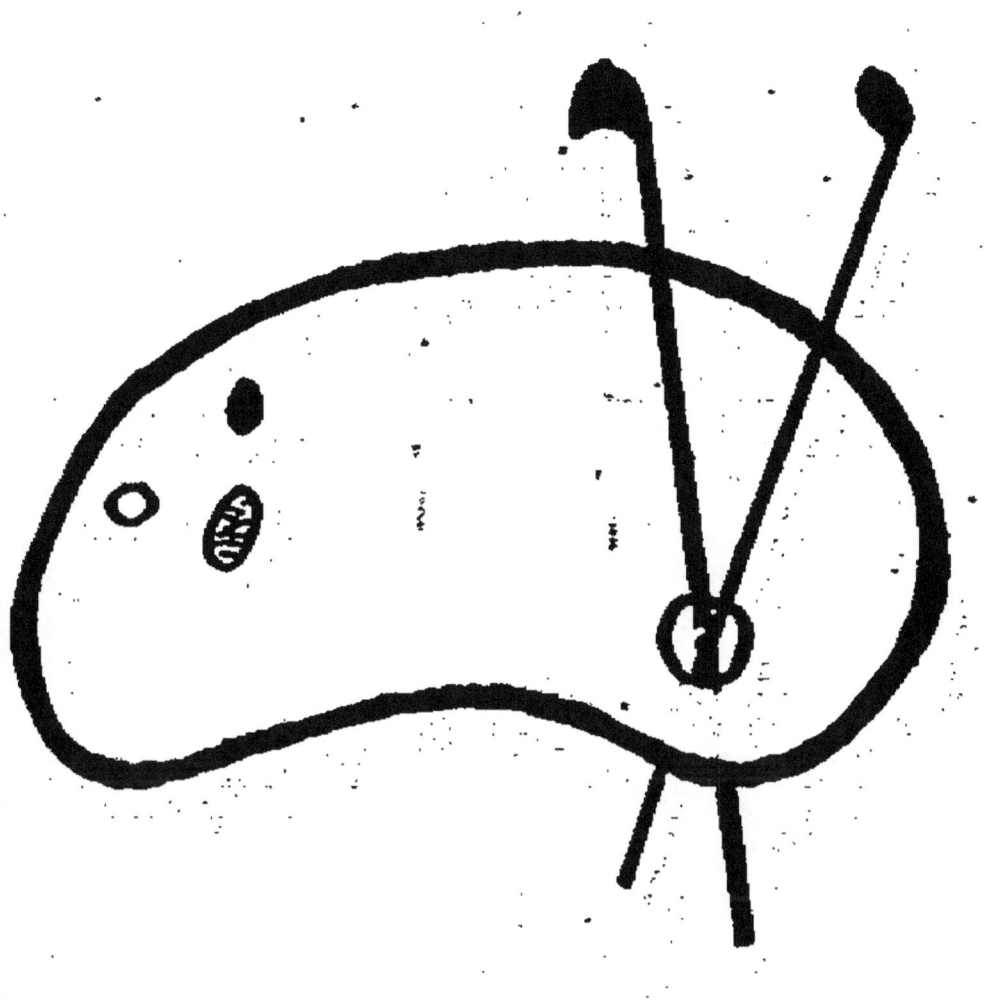

www.ingramcontent.com/pod-product-compliance
Lightning Source LLC
LaVergne TN
LVHW050613090426
835512LV00008B/1475